春联挥毫必备

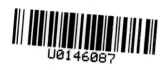

孙过庭书谱集字春联

程峰 编

上海书画出版社

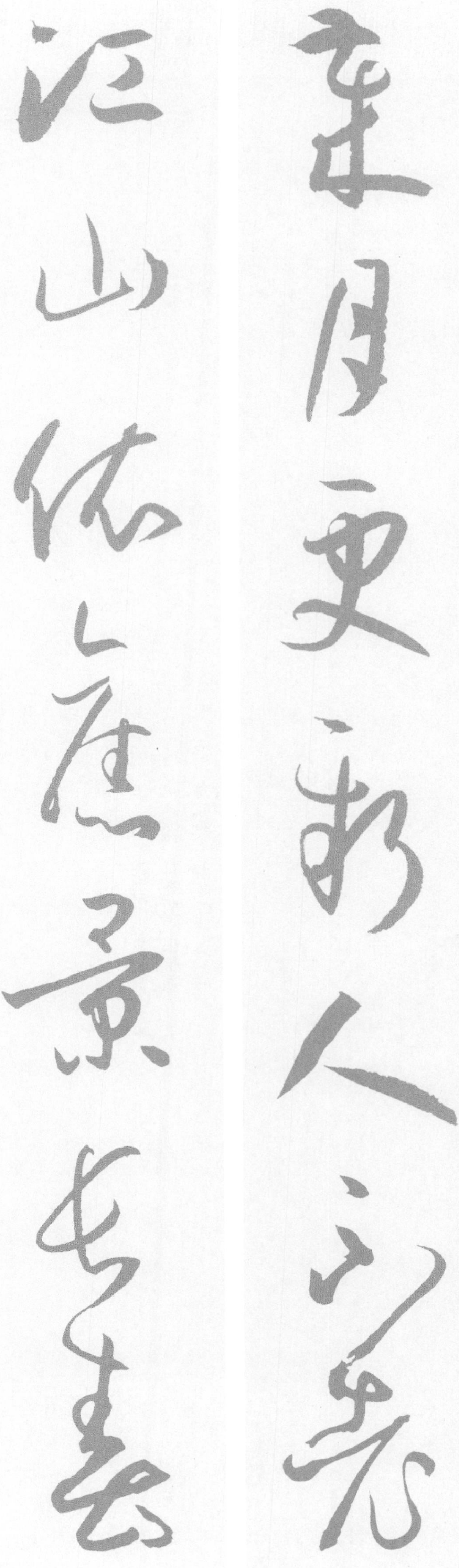

《春联挥毫必备》编委会

主编

王立翔

副主编

程　峰

编委（按姓氏笔画排序）

王立翔　王　剑　吴志国　吴金花

沈　浩　沈　菊　张杏明　张恒烟

张　忠　陈家红　郑振华　程　峰

雍　琦

出版说明

『爆竹声中一岁除，春风送暖入屠苏。千门万户曈曈日，总把新桃换旧符。』王安石的《元日》诗描绘了一幅宋代的春节风俗图：燃爆竹、饮屠苏酒、换桃符。然而，早在一百年前的五代后蜀孟昶那里，桃符已以一副书为『新年纳余庆，嘉节号长春』的春联悄悄改变了形式与内涵：鲜艳的红纸取代了长方形桃木板，吉祥的联语取代了『神荼』、『郁垒』的名字或画像，其寓意也由原来的驱邪避灾转向了求安祈福。春节是我国农历年中第一个也是最重要的传统节日，春联在辞旧岁迎新春的同时，也渗进了农业社会人们朴素的生活理想：国泰民安、人寿年丰、家庭和睦、事业顺利。春联对仗的联语不仅是文字的精妙组合与书法的多样呈现，更是人们美好生活祈向的承载。这些生活祈向，虽然穿越古今，却经久不衰，回荡在一代代人的内心深处。作为这些生活祈向的载体，作为从古代派往现代的使者，春联的命运也同样历久弥新。无论大江南北、农村城市，抑或雅俗贵贱、穷达贫富，在喜气盈门的春节里，都不能没有春联的表达与塑造！

我社出版的『春联挥毫必备』系列，集名家名帖之字，成行气贯通之联。一家一帖集成一书，其内容又以类相从编排，不仅从形式到内容上有力地保证了全书的一致性与连贯性，更便于读者有针对性地、分门别类地欣赏、临摹、创作之用。可以说，一编握手中，一切纳眼底，从书法的字体书体，到文字的各种情感表达，及隐藏其后的对生活的深刻理解与美好祈向，都能在本书中找到满意的答案。

上海书画出版社

目录

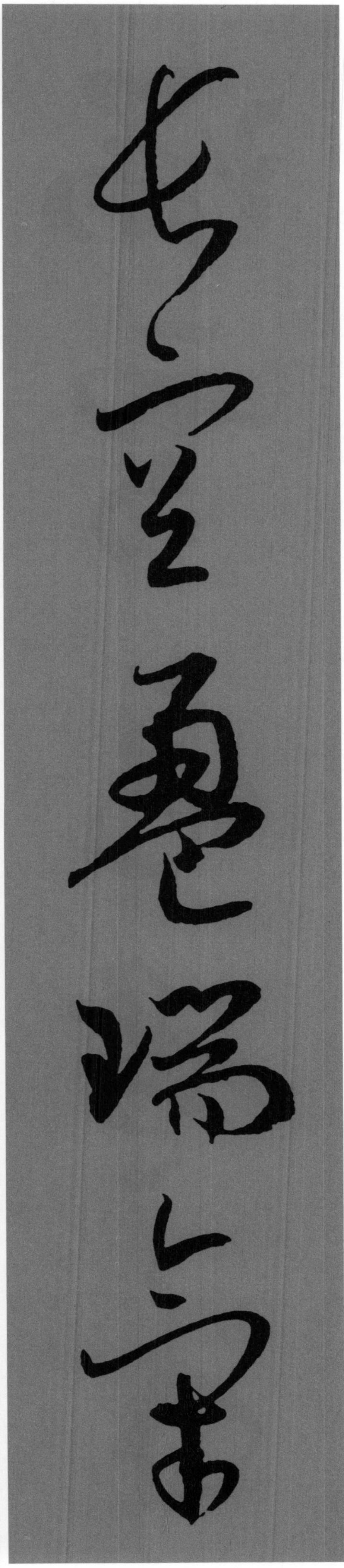

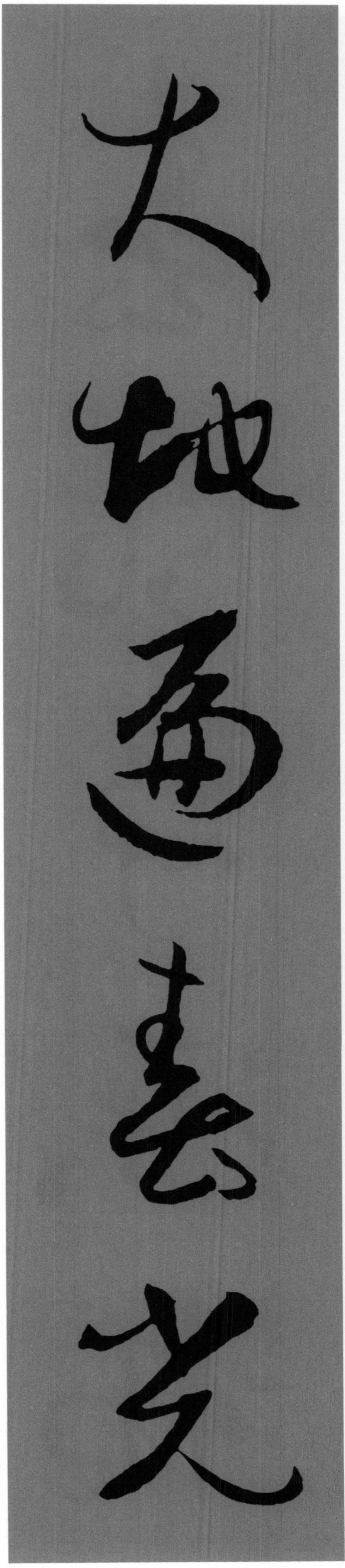

上联— 长空盈瑞气
下联— 大地遍春光

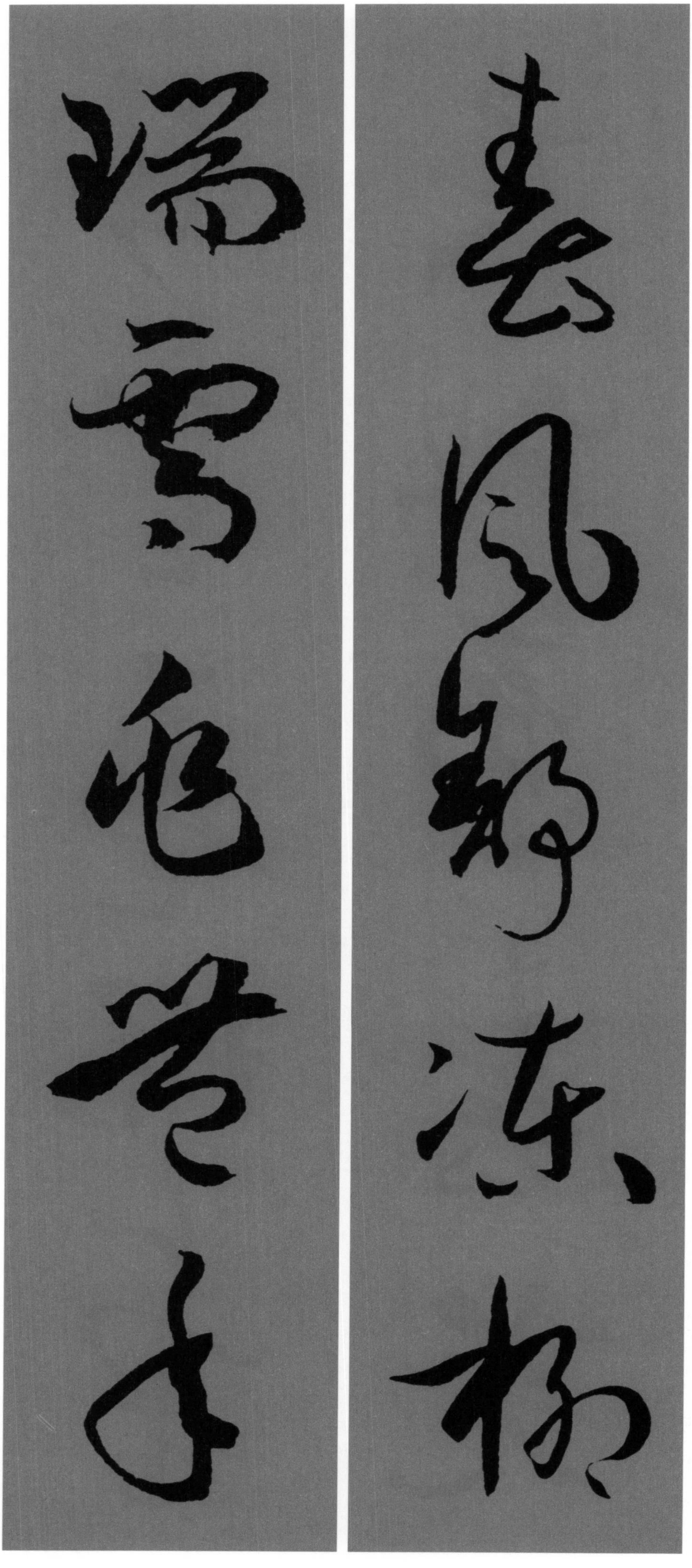

上联｜春风舒冻柳
下联｜瑞雪兆丰年

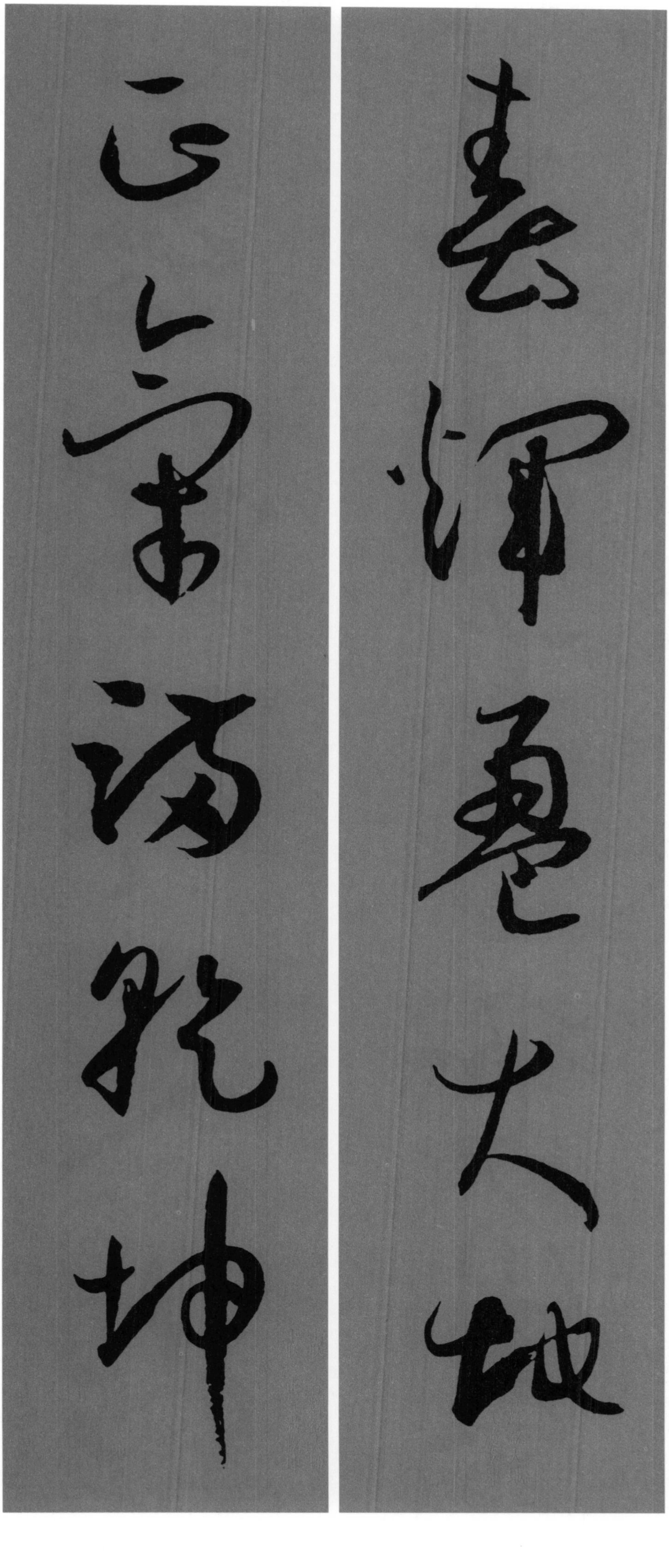

上联—春辉盈大地
下联—正气满乾坤

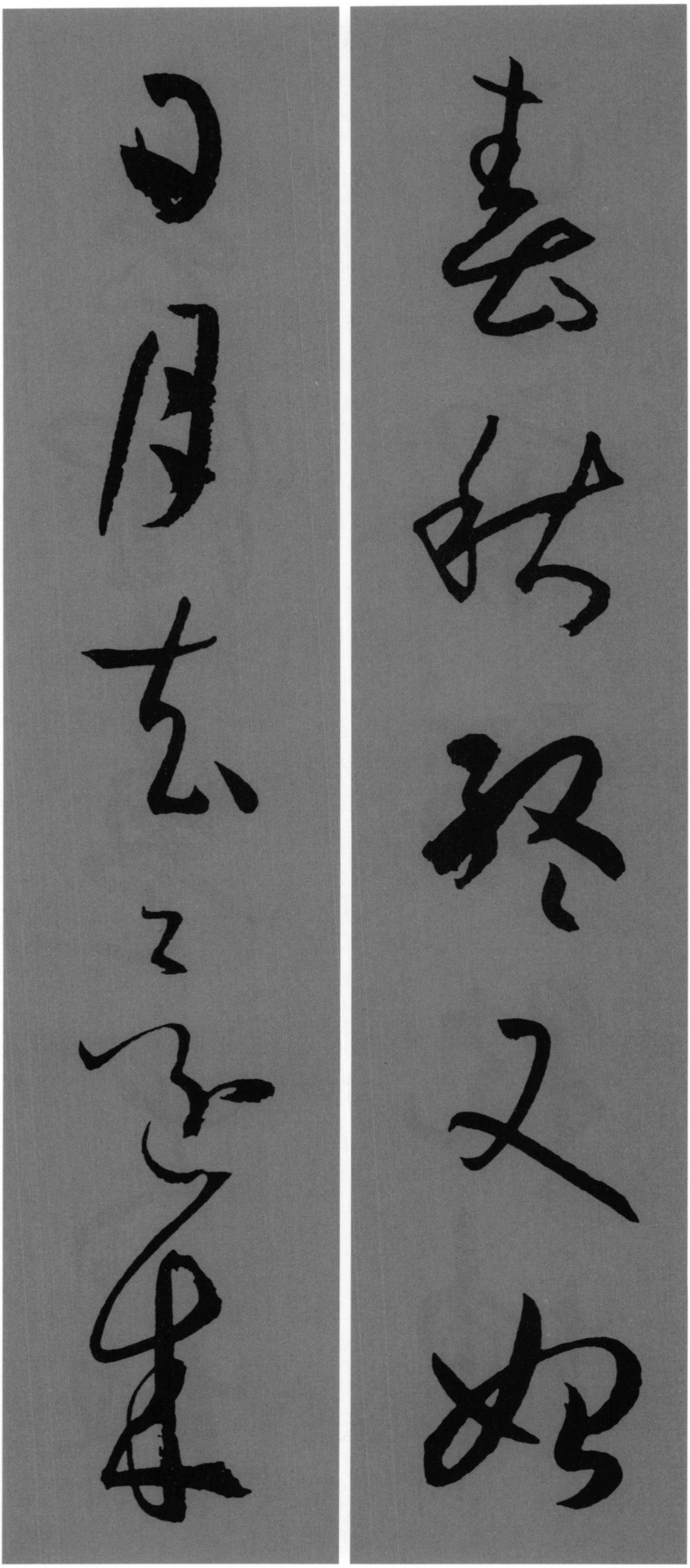

上联—春秋终又始
下联—日月去还来

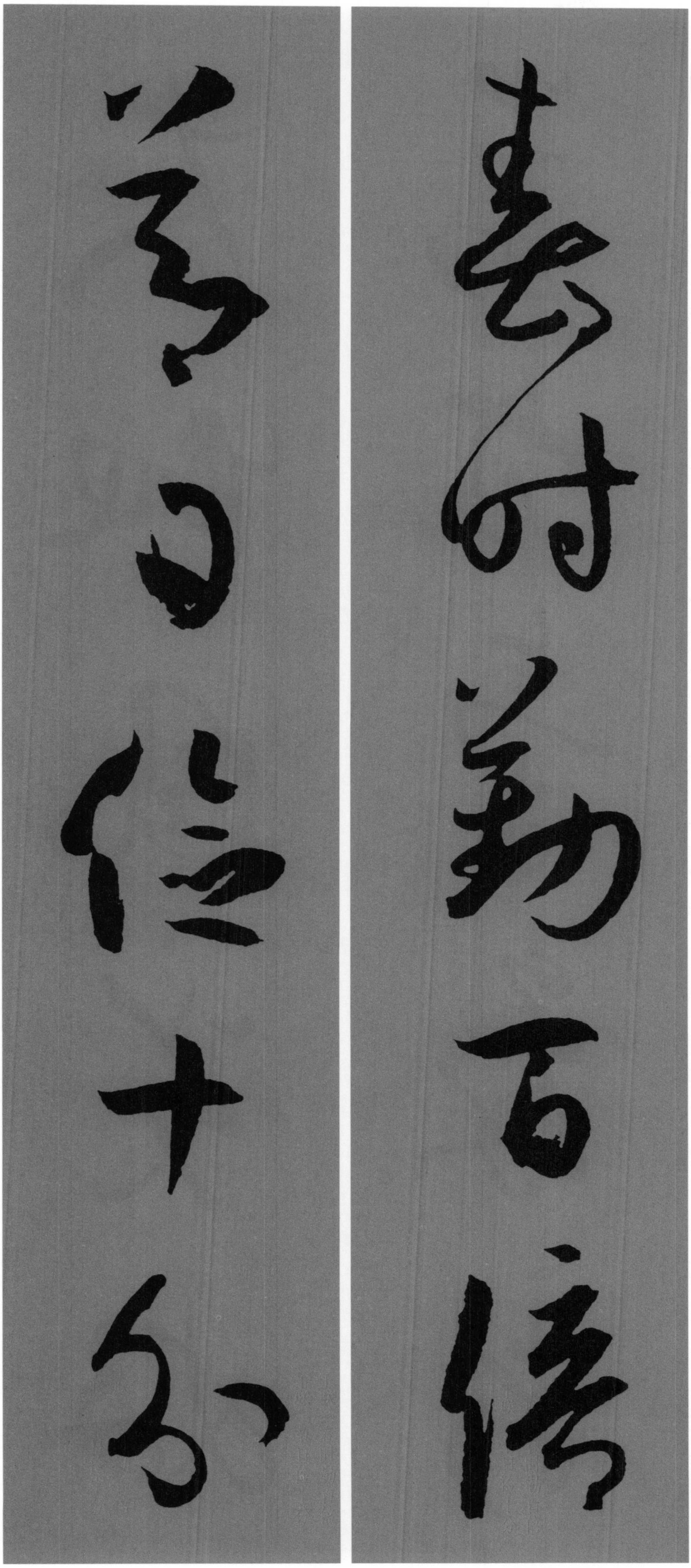

上联— 春时勤百倍
下联— 节日俭十分

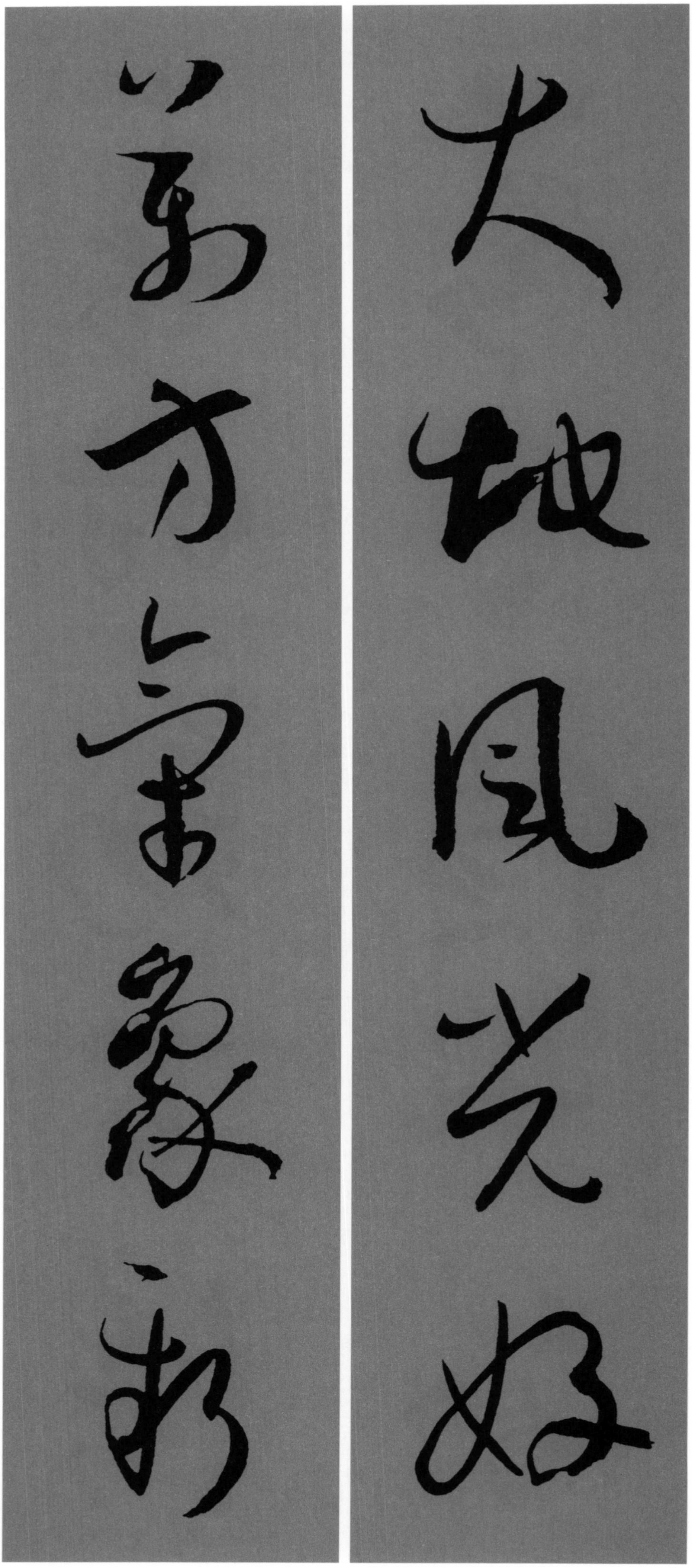

上联—大地风光好
下联—万方气象新

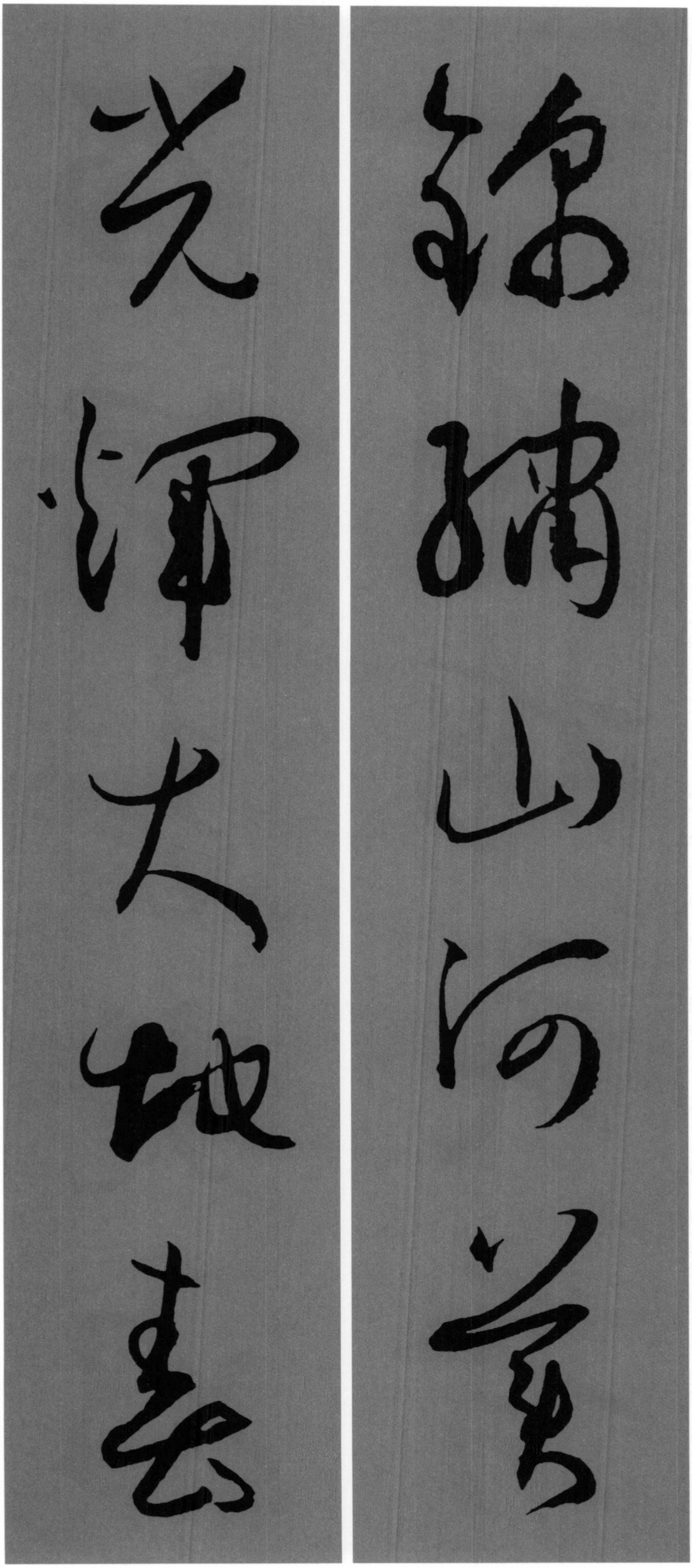

上联—锦绣山河美
下联—光辉大地春

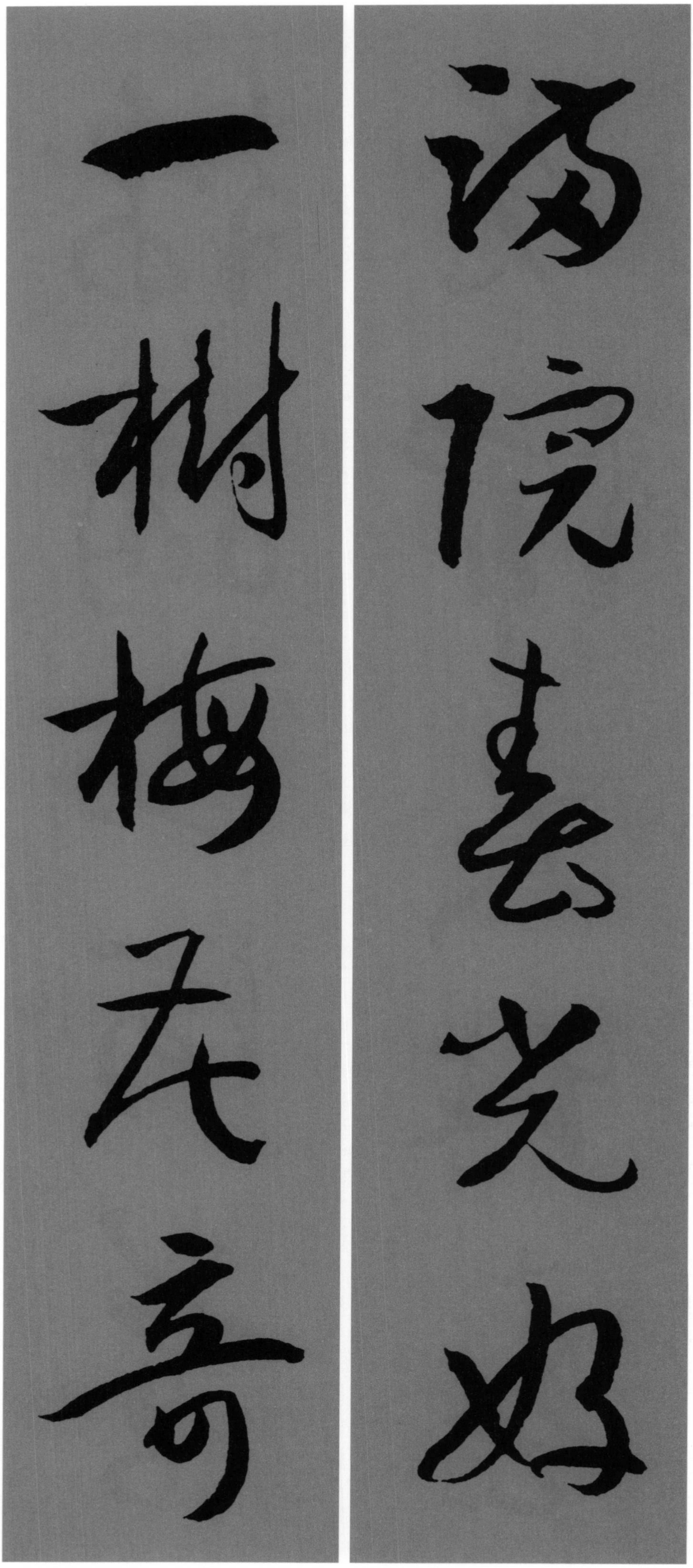

上联— 满院春光好
下联— 一树梅花奇

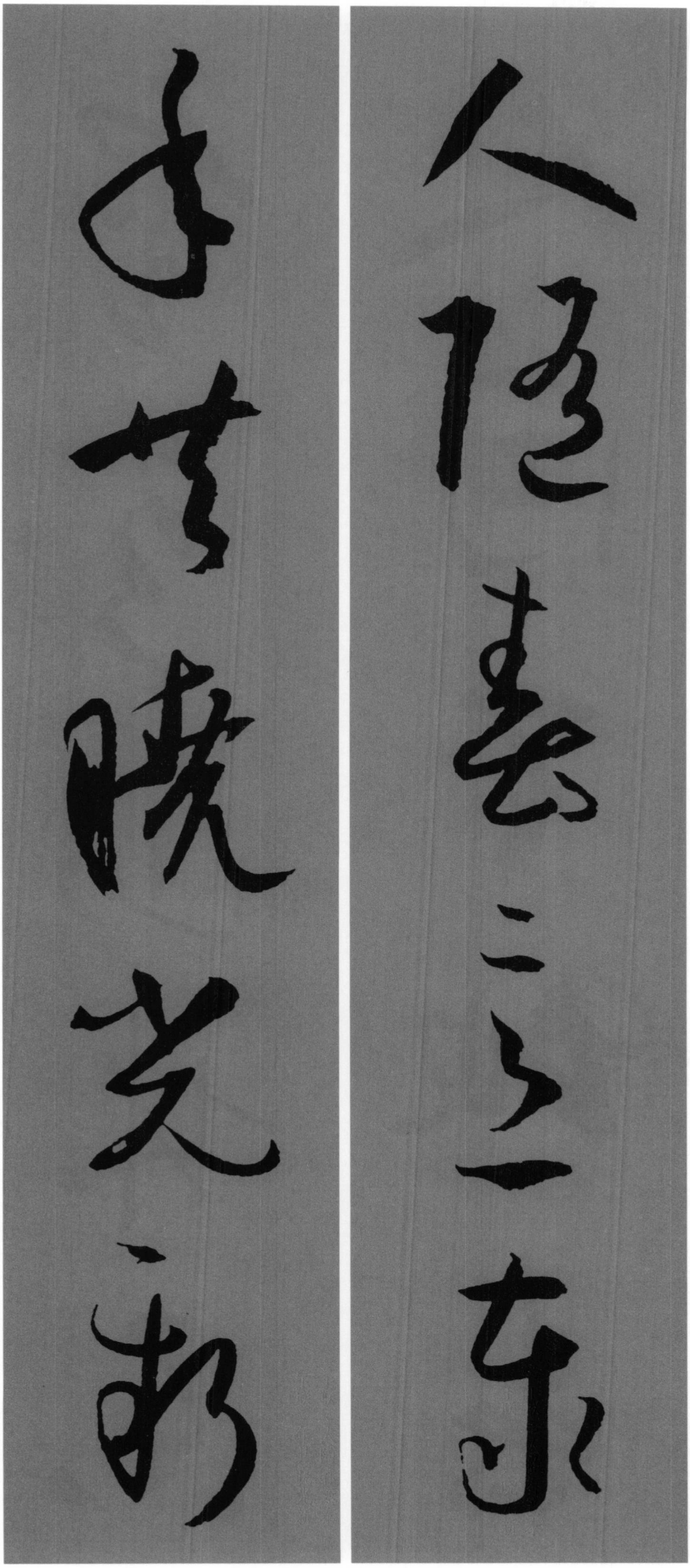

上联—人随春意泰
下联—年共晓光新

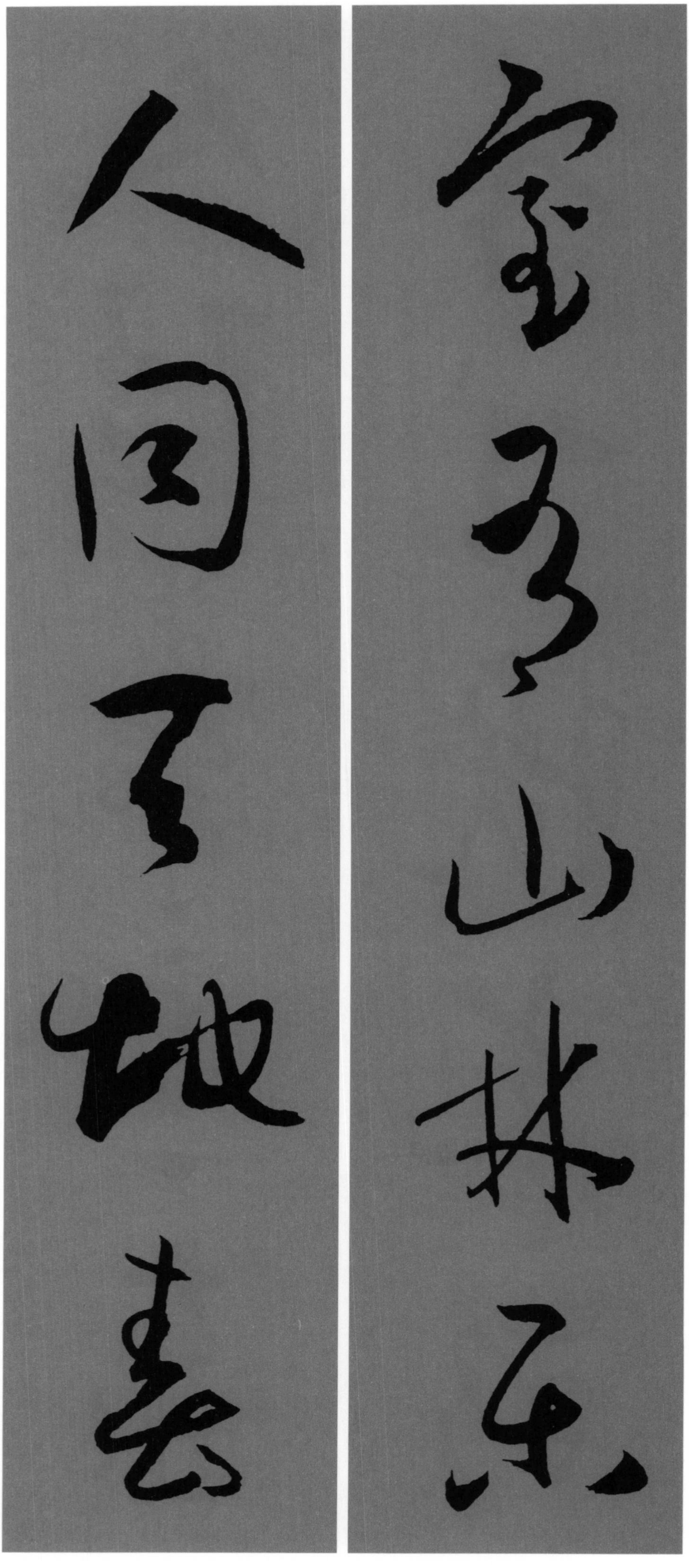

上联—室有山林乐
下联—人同天地春

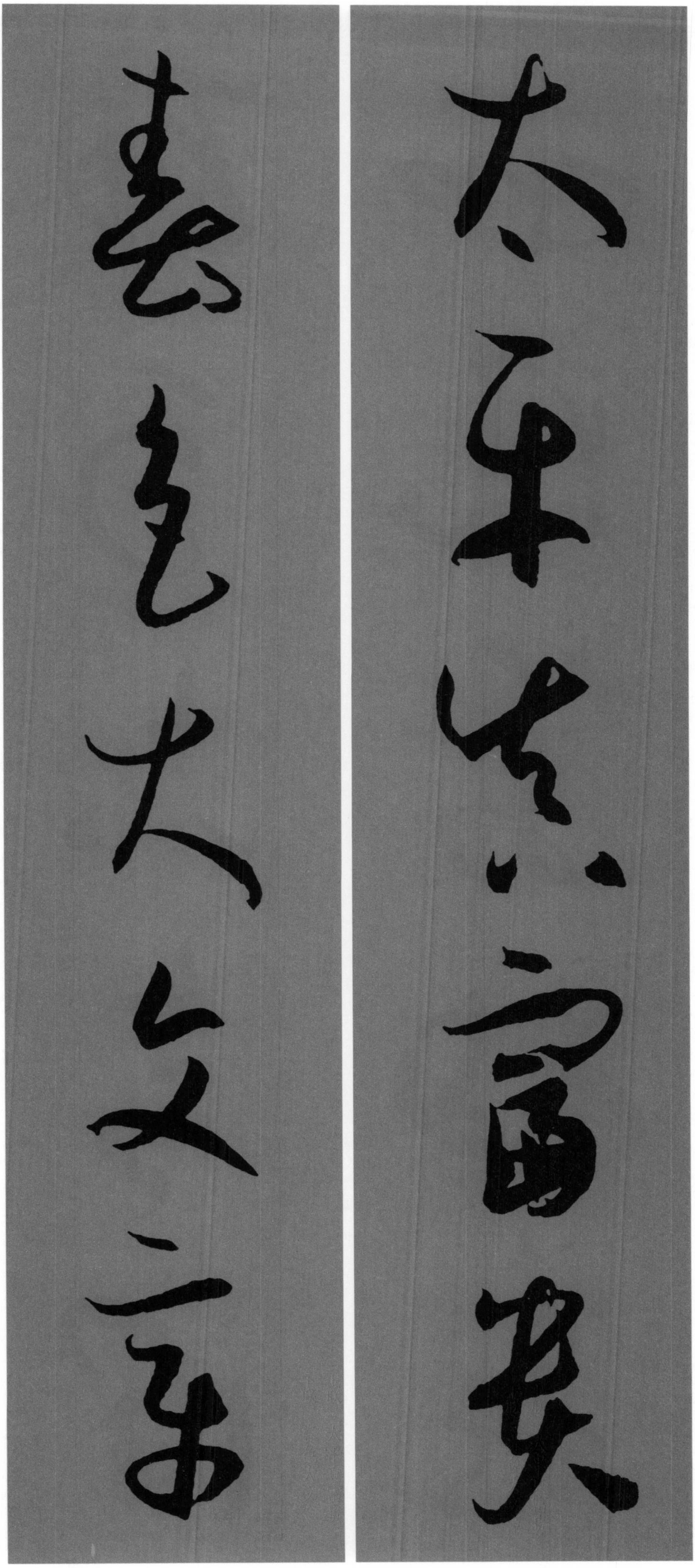

上联— 太平真富贵
下联— 春色大文章

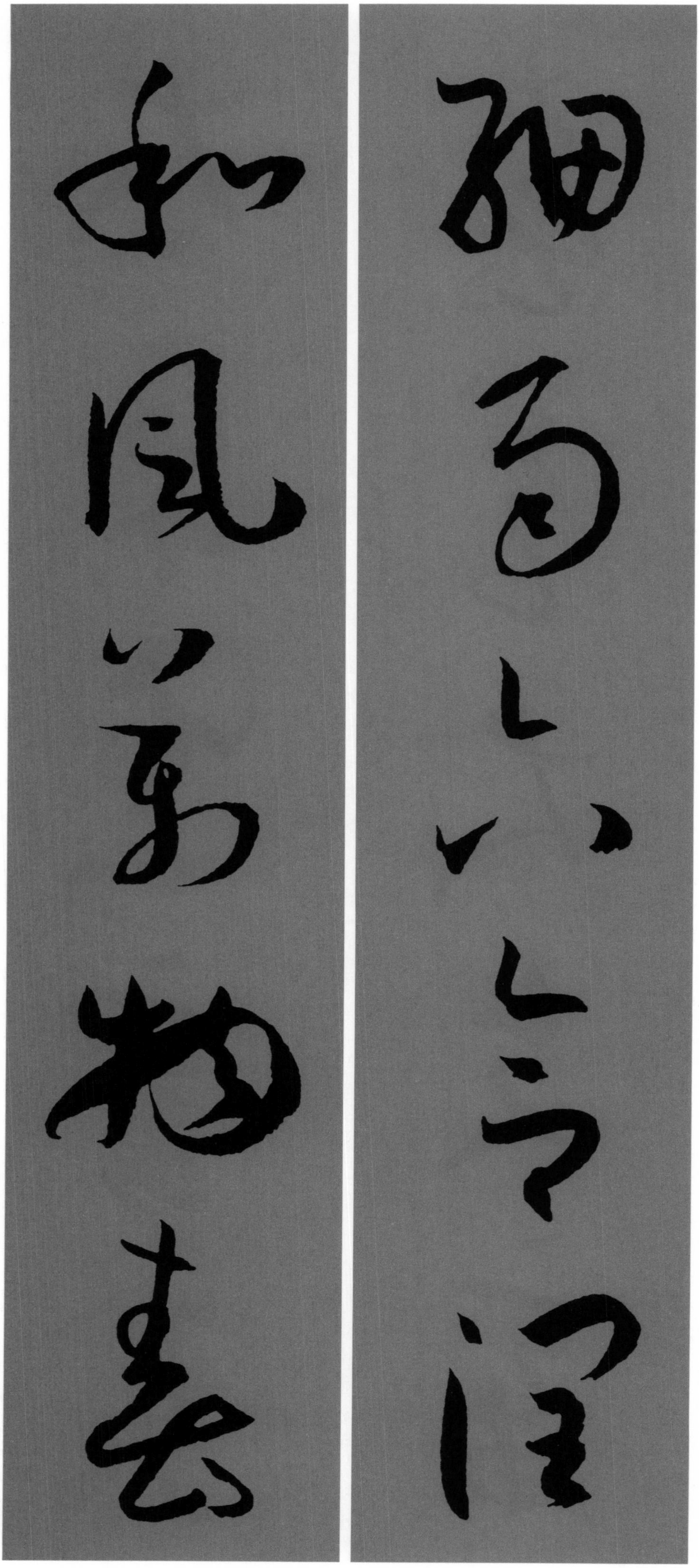

上联—细雨六合润
下联—和风万物春

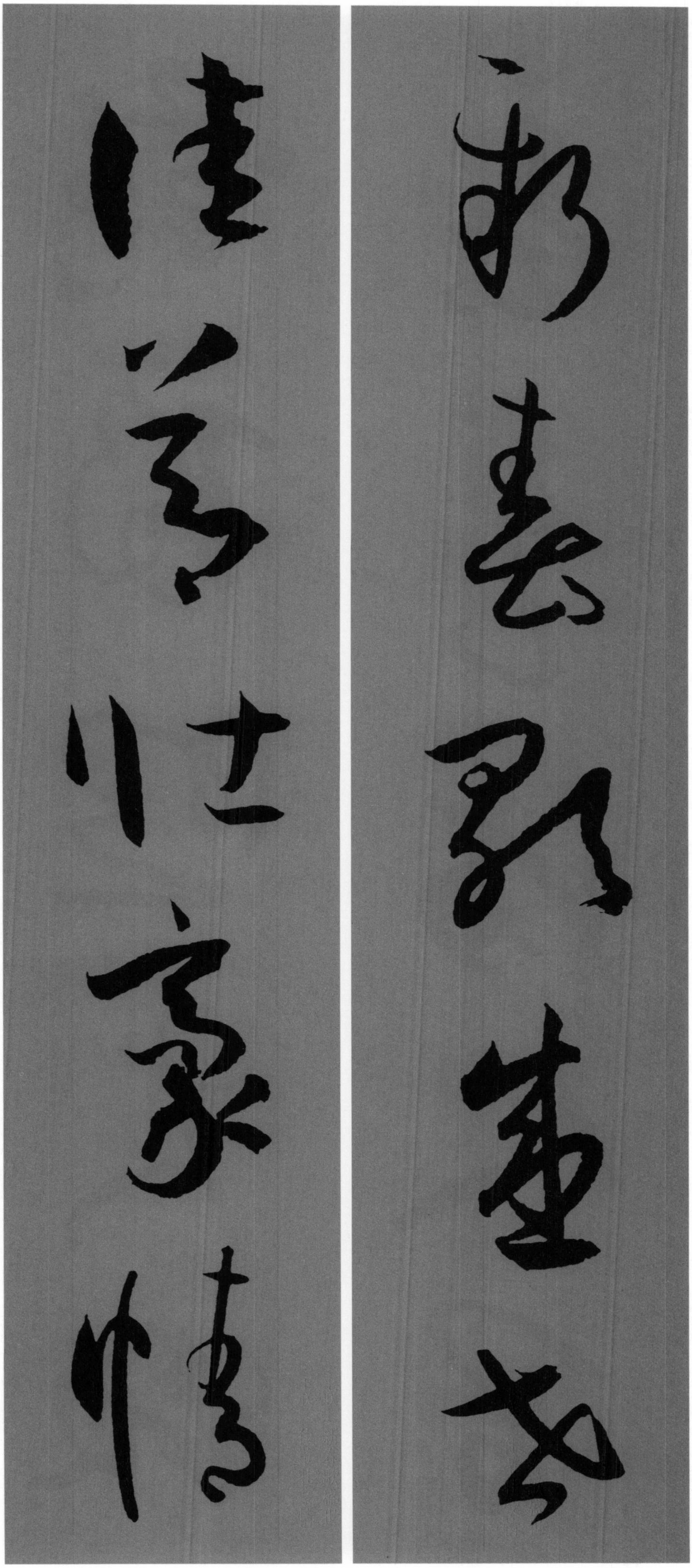

上联— 新春歌盛世
下联— 佳节壮豪情

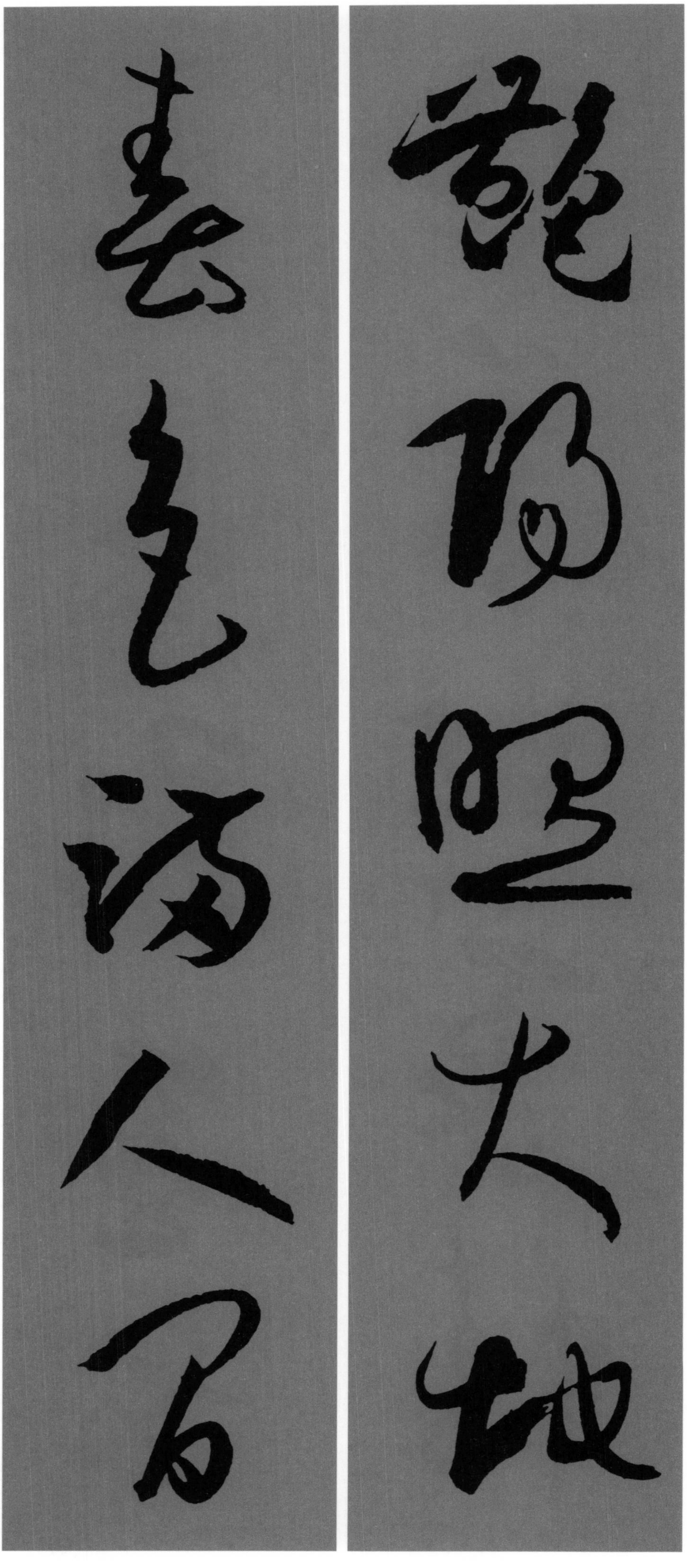

上联—艳阳照大地
下联—春色满人间

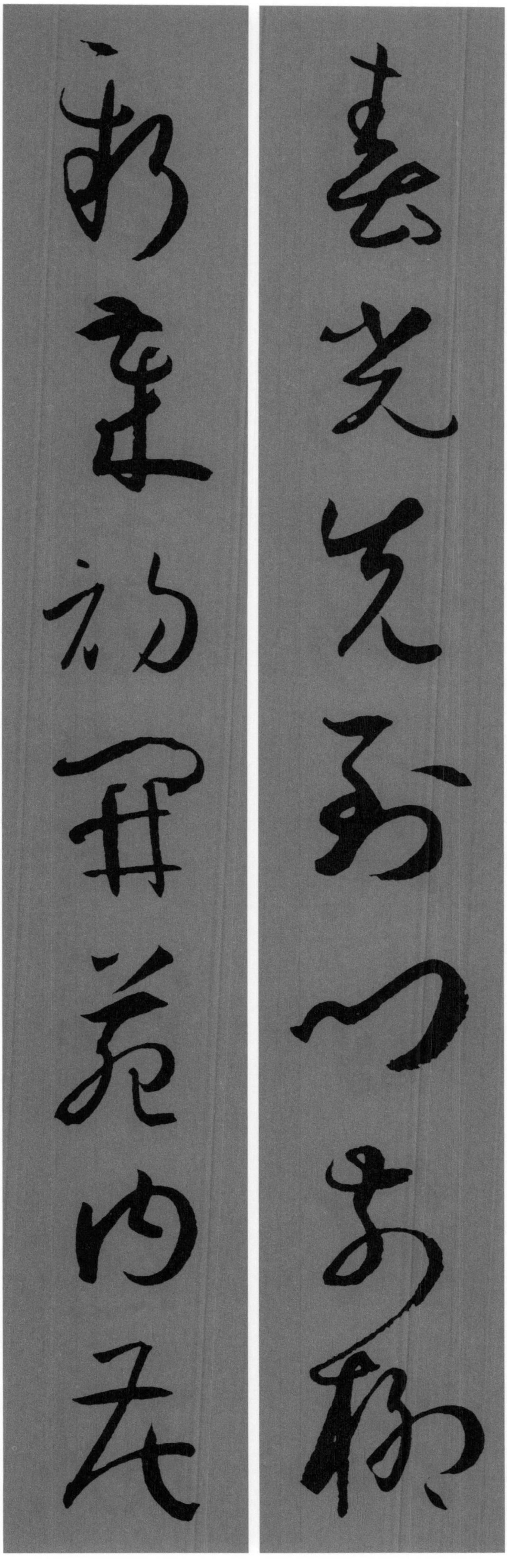

上联— 春光先到门前柳

下联— 新岁初开苑内花

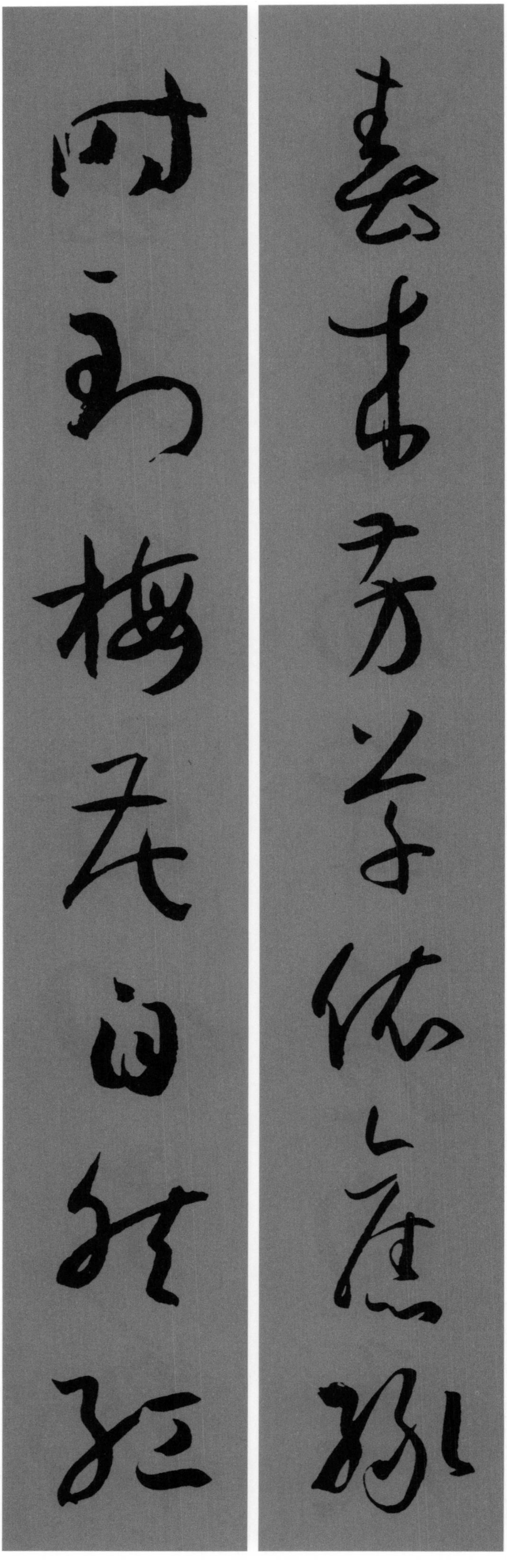

上联—春来芳草依旧绿
下联—时到梅花自然红

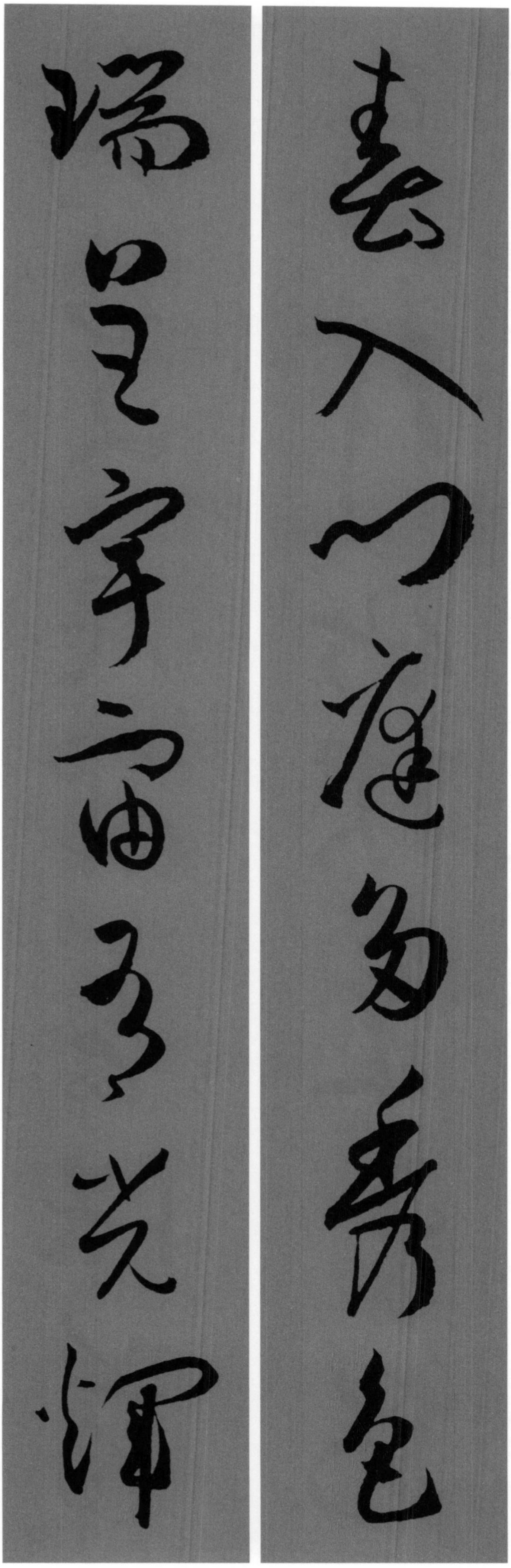

上联—春入门庭多秀色
下联—瑞呈宇宙有光辉

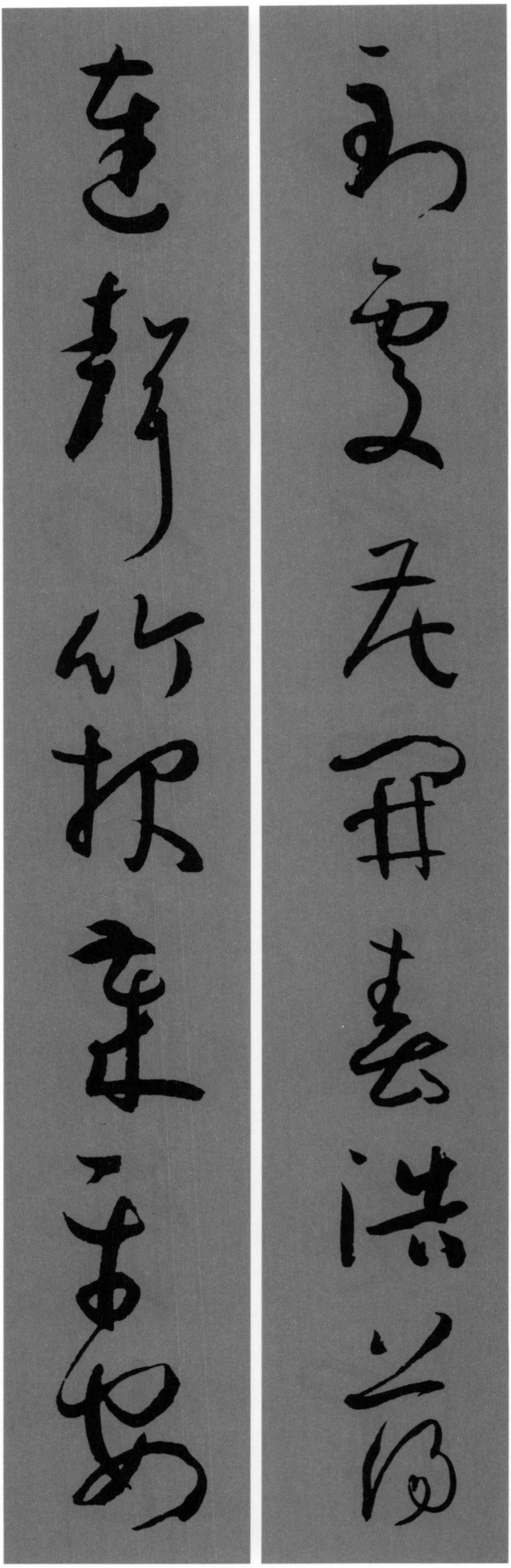

上联—到处花开春浩荡

下联—连声竹报岁平安

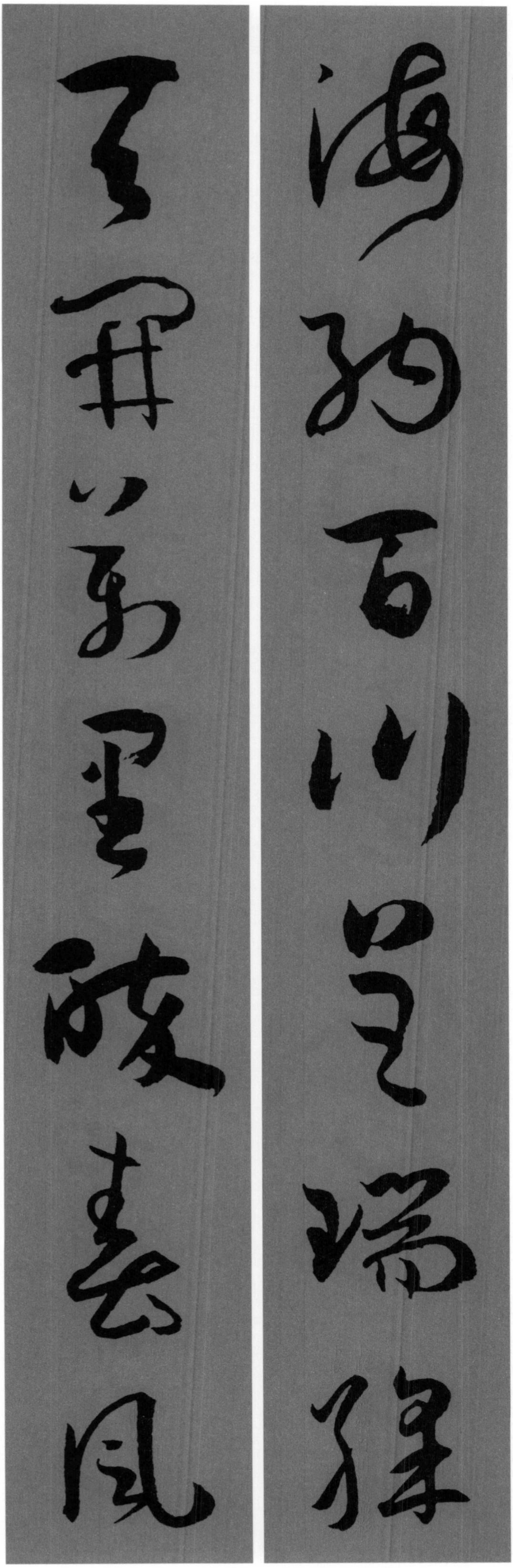

上联— 海纳百川呈瑞彩
下联— 天开万里醉春风

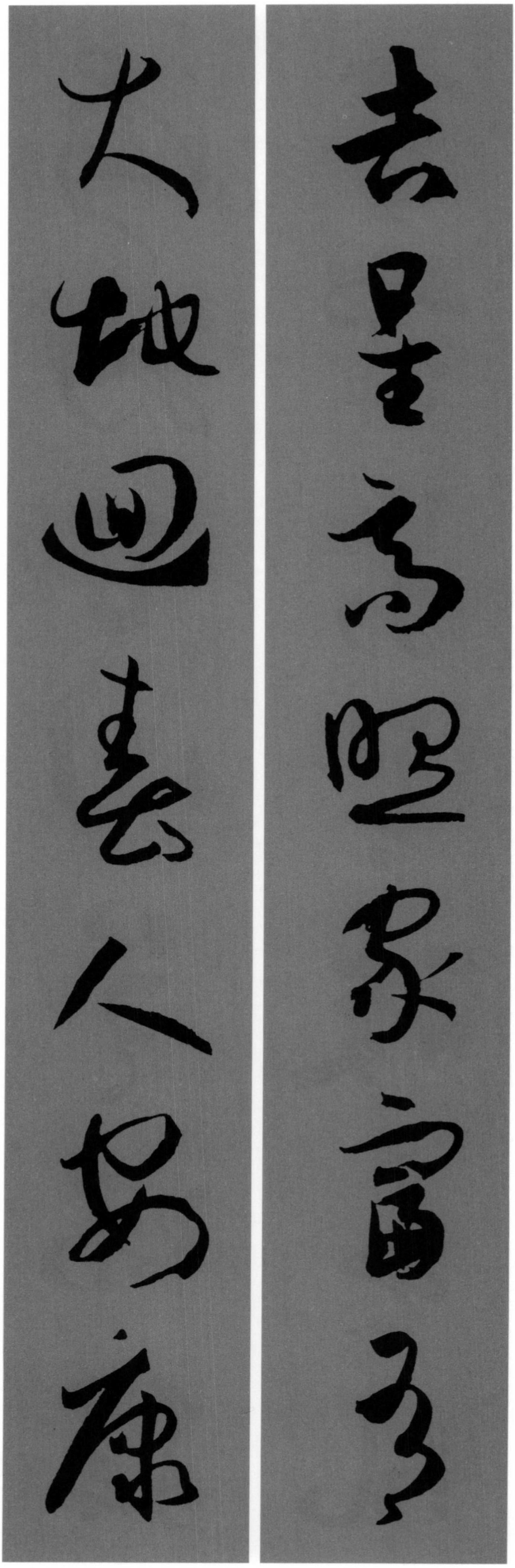

上联—吉星高照家富有
下联—大地回春人安康

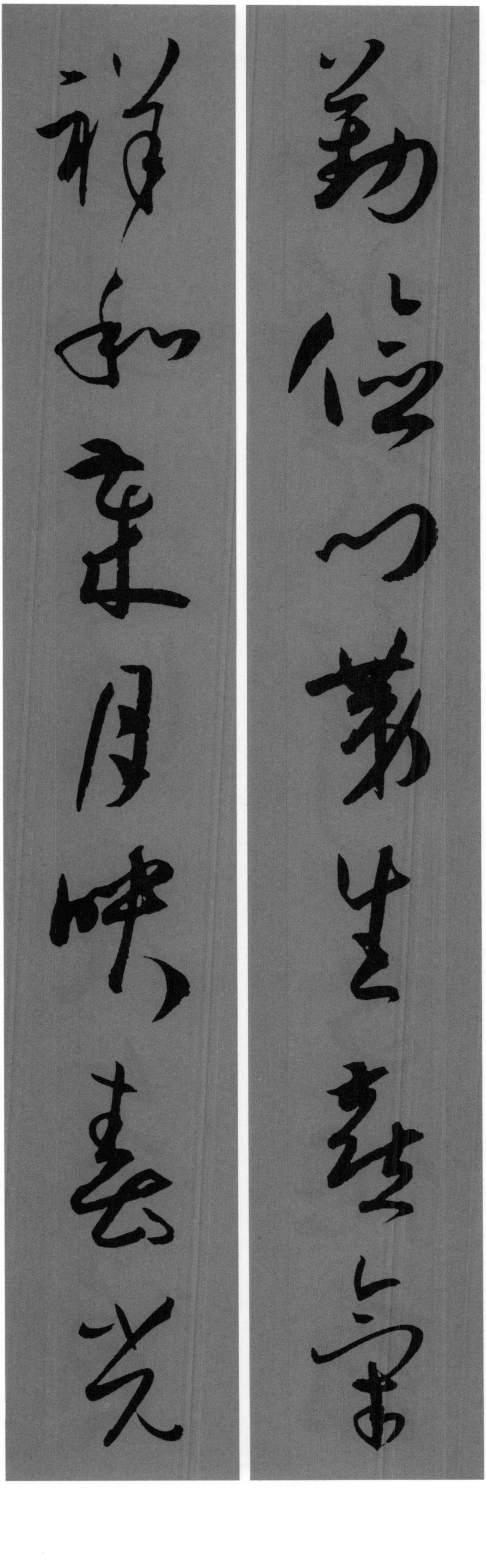

上联— 勤俭门第生喜气

下联— 祥和岁月映春光

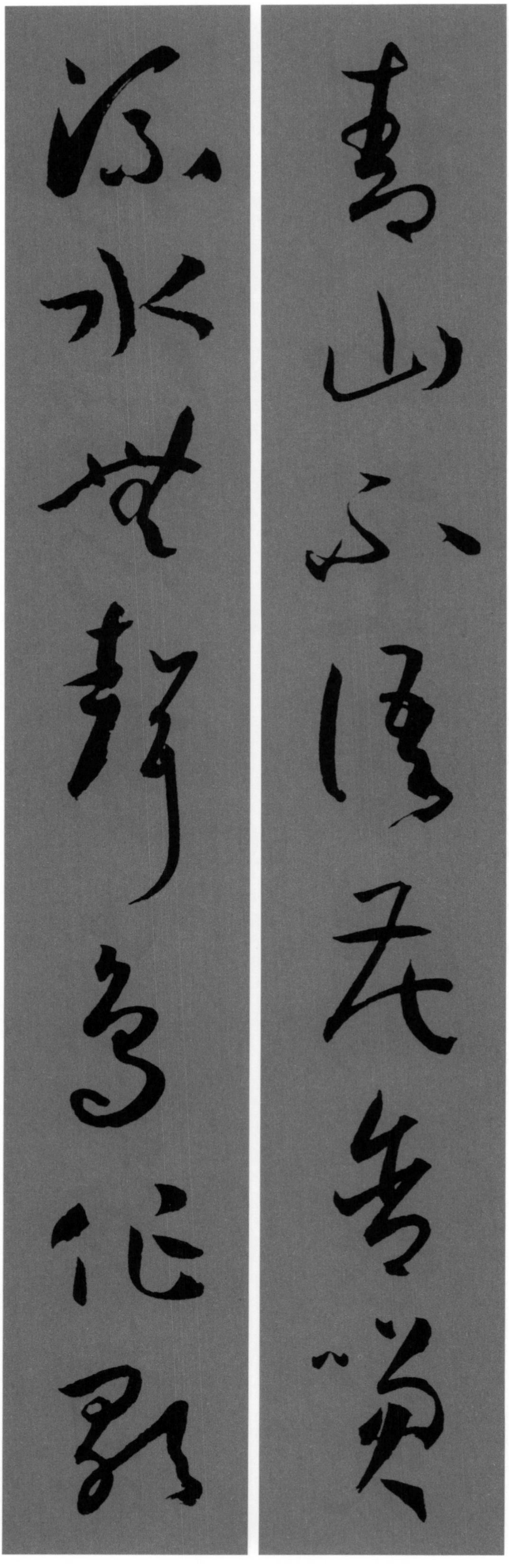

上联— 青山不语花含笑
下联— 流水无声鸟作歌

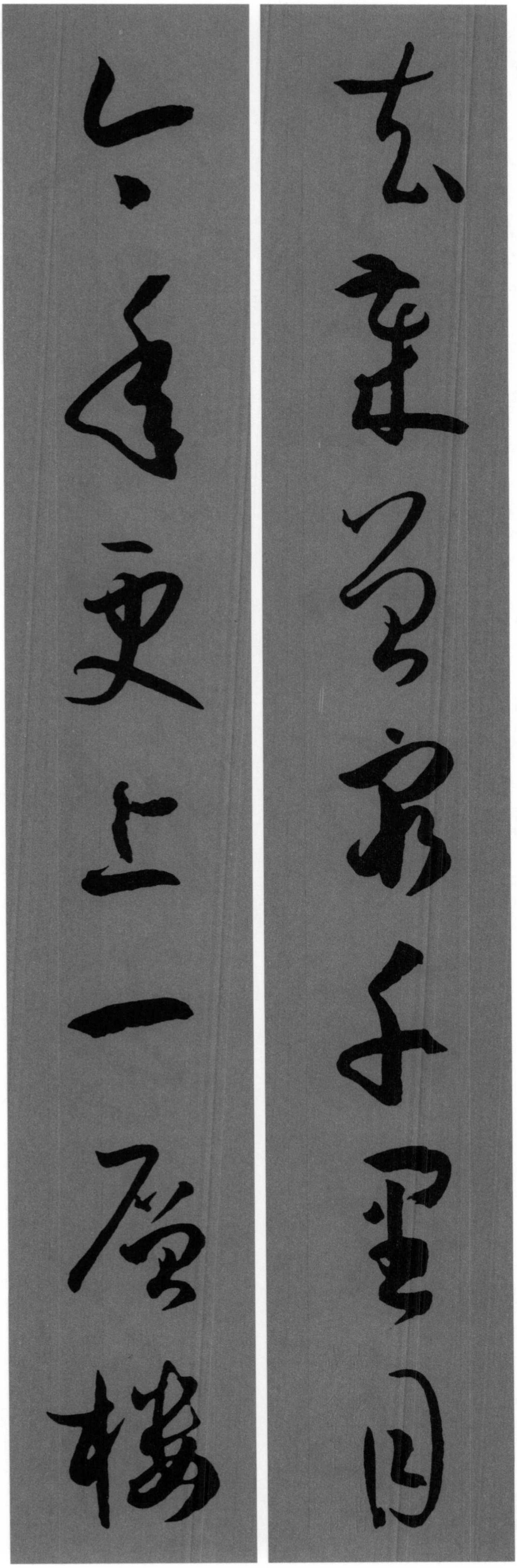

上联：去岁曾穷千里目
下联：今年更上一层楼

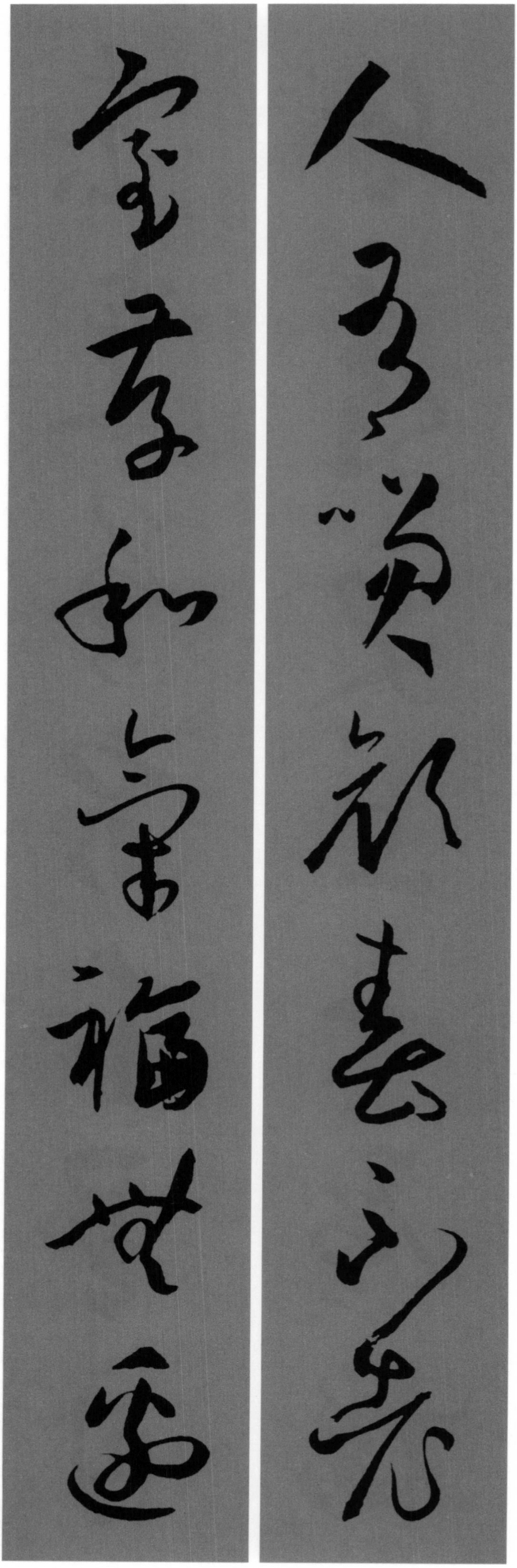

上联｜人有笑颜春不老
下联｜室存和气福无边

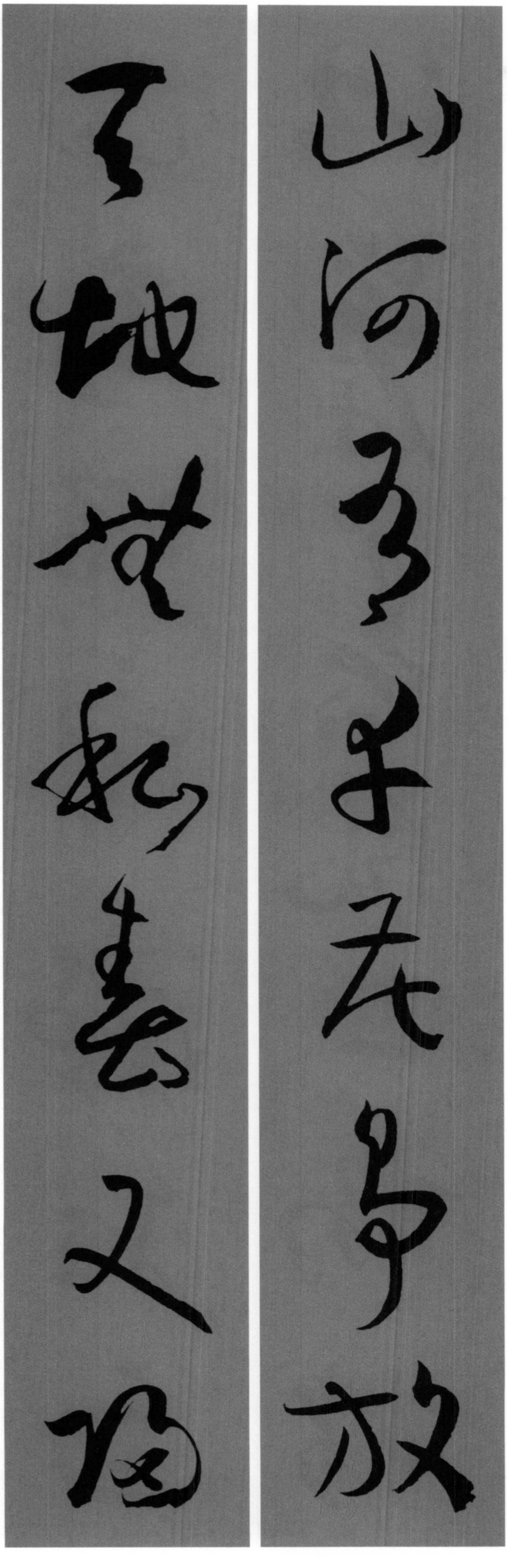

上联一　山河有幸花争放
下联一　天地无私春又归

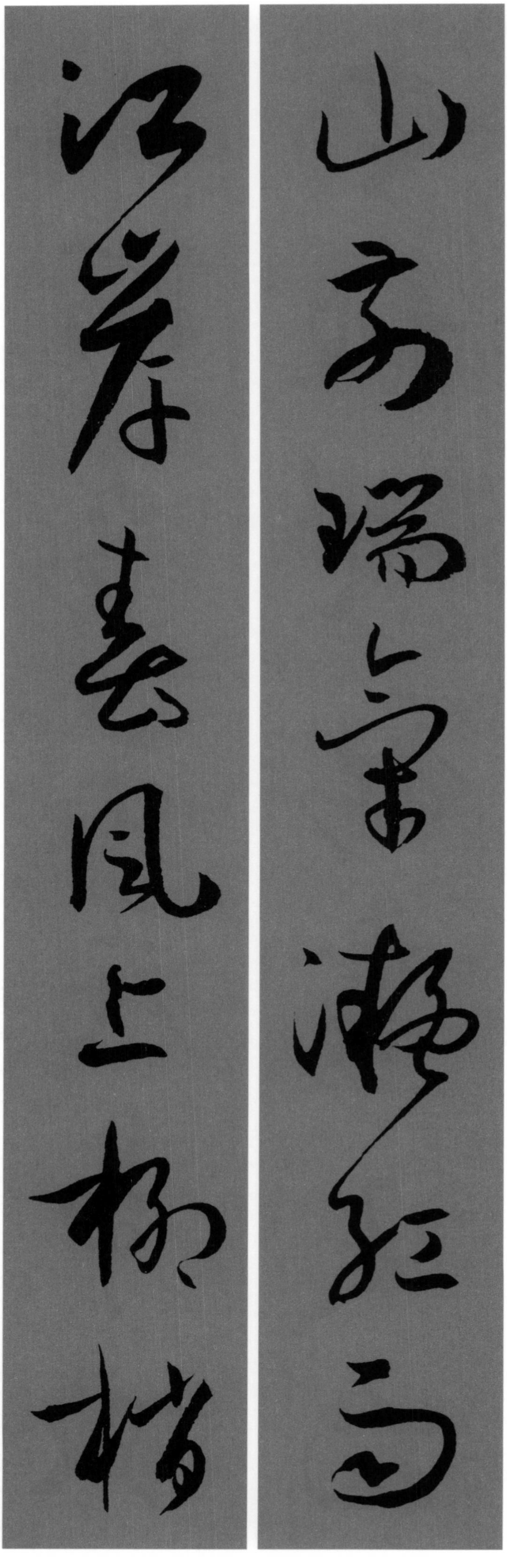

上联　山前瑞气凝红雨
下联　江岸春风上柳梢

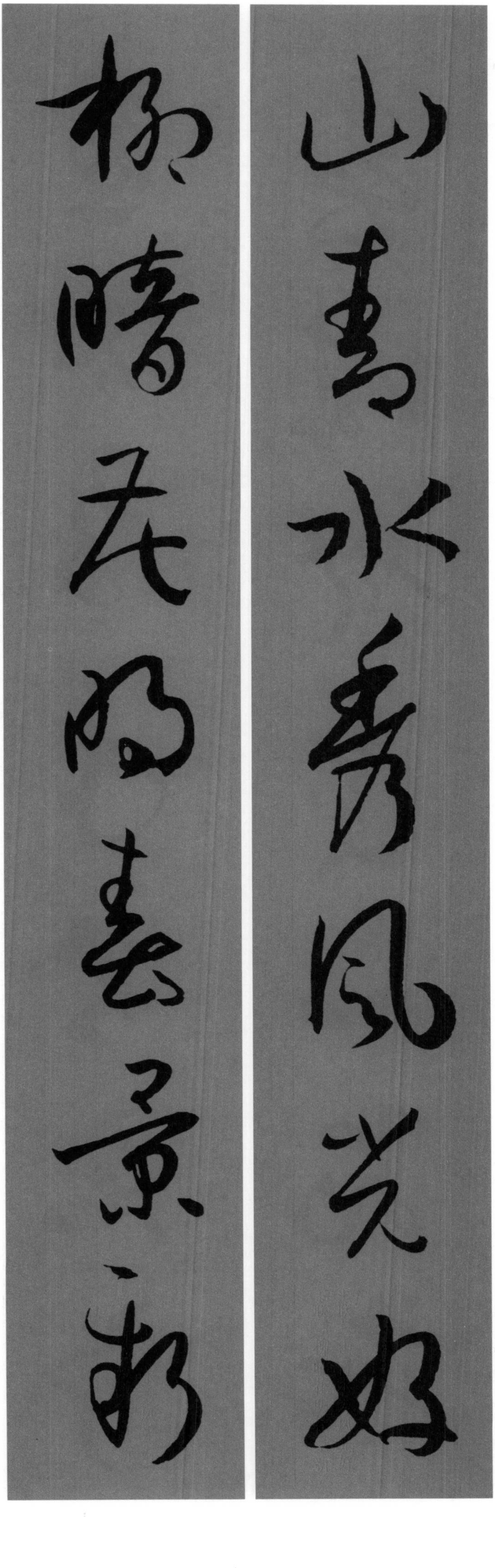

上联—山青水秀风光好
下联—柳暗花明春景新

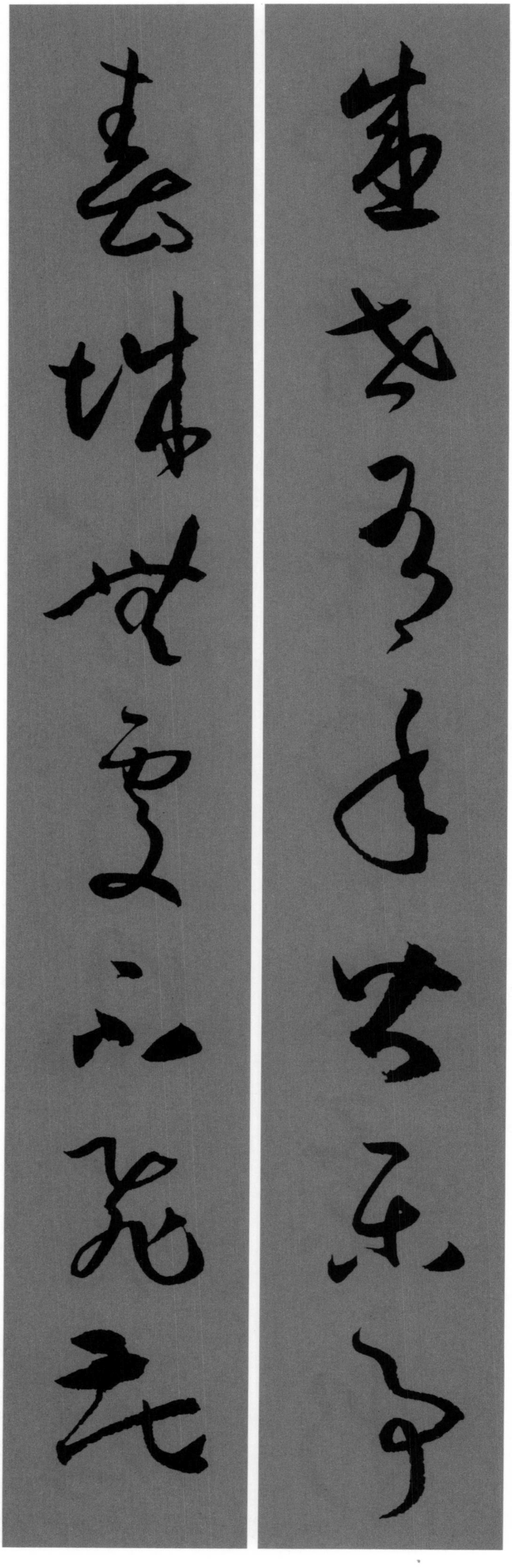

上联—盛世有年皆乐事
下联—春城无处不飞花

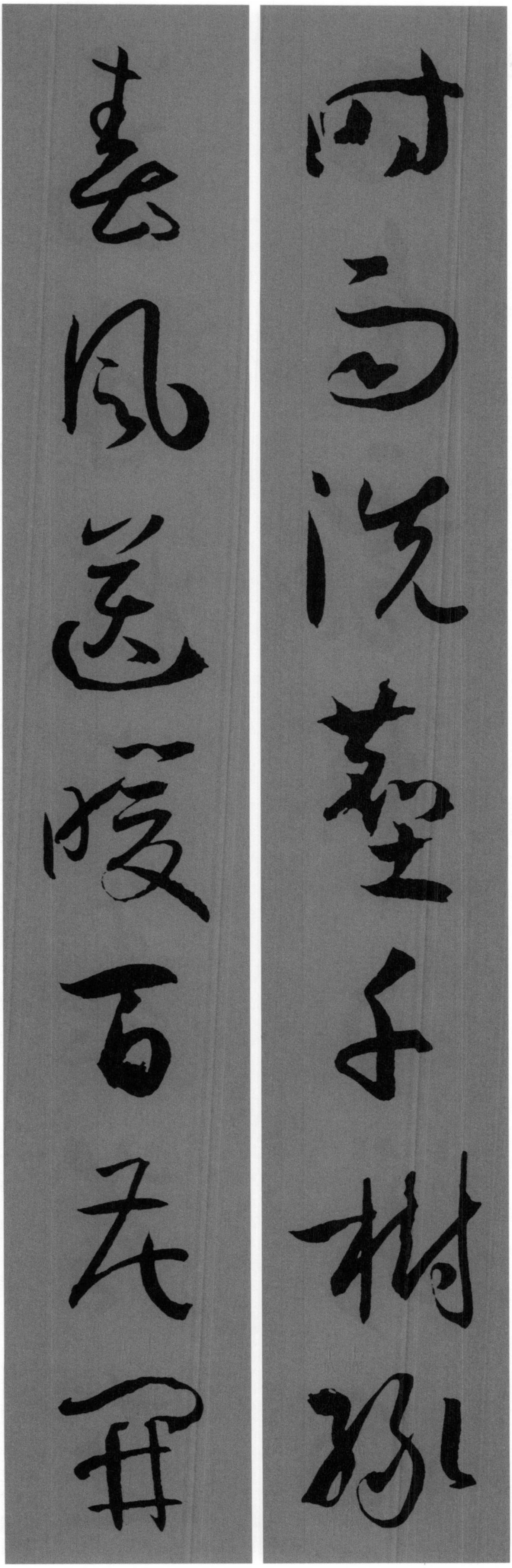

上联 — 时雨洗尘千树绿
下联 — 春风送暖百花开

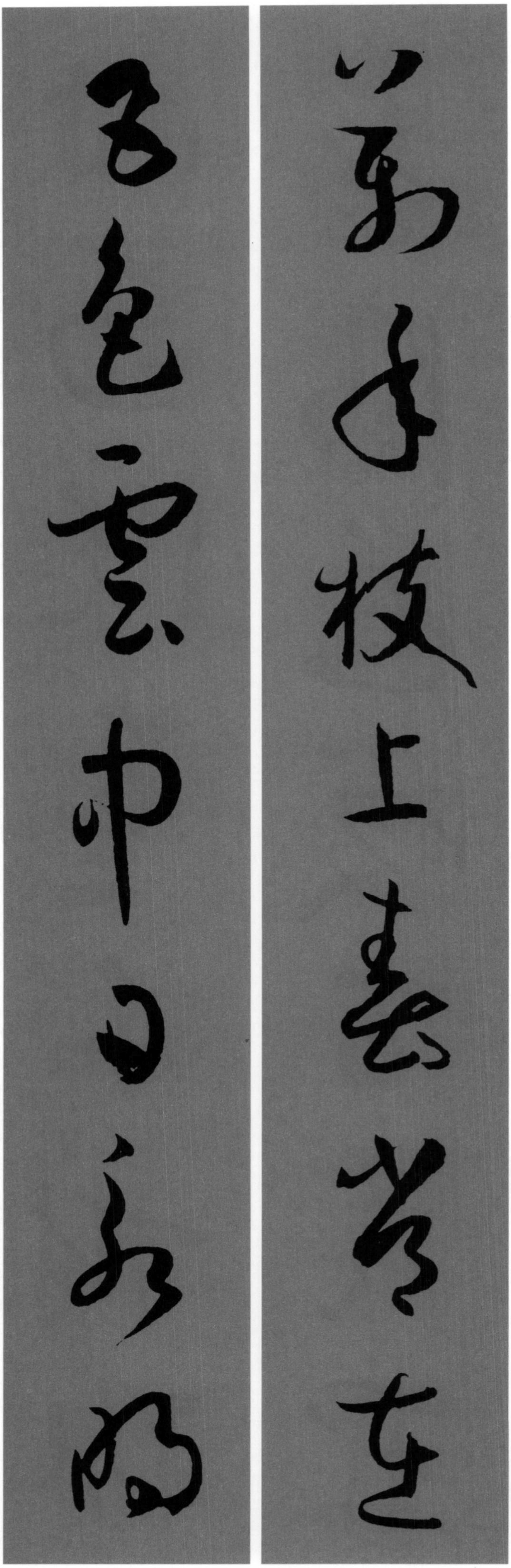

上联：万年枝上春常在
下联：五色云中日永明

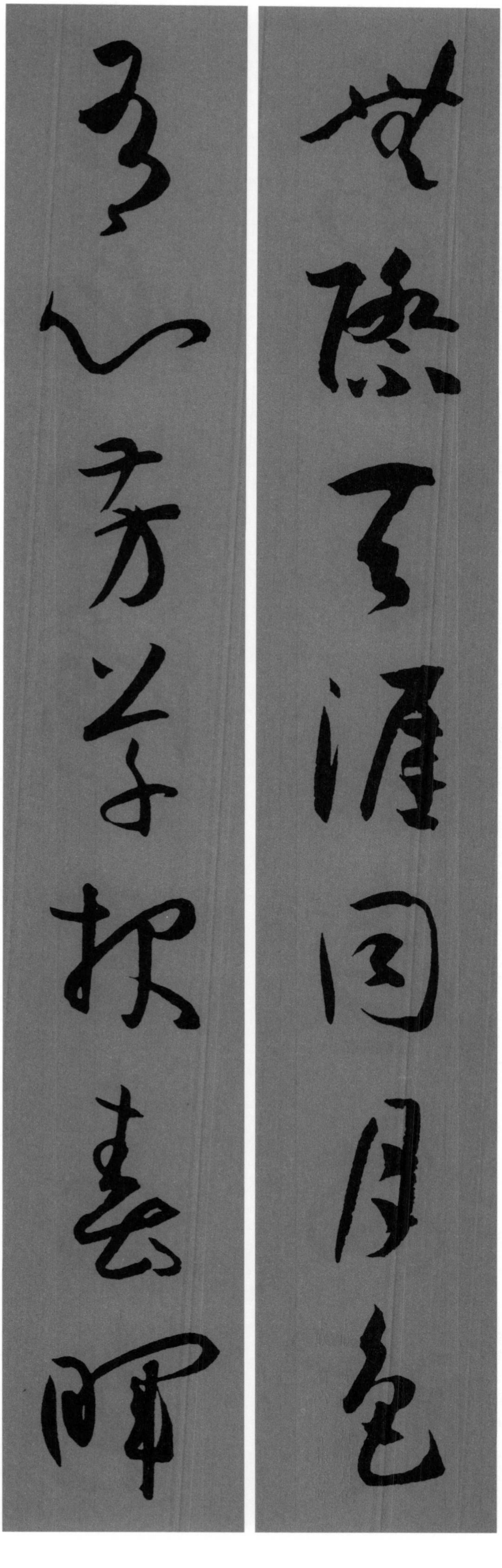

上联—无际天涯同月色
下联—有心芳草报春晖

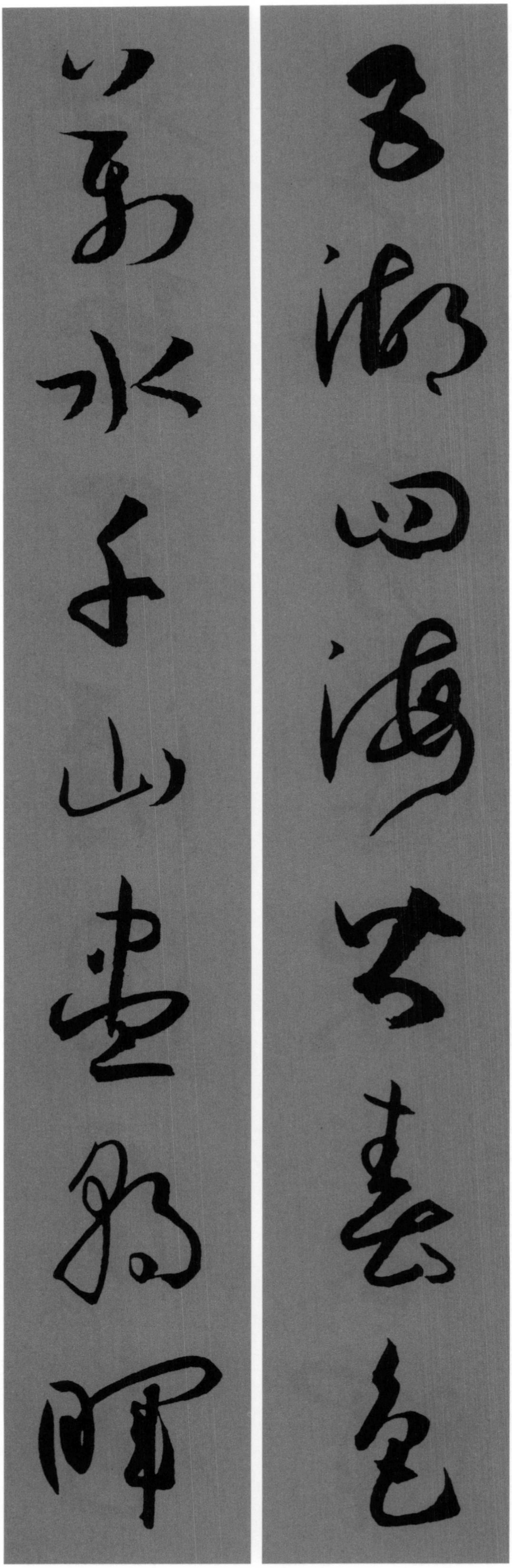

上联—五湖四海皆春色
下联—万水千山尽朝晖

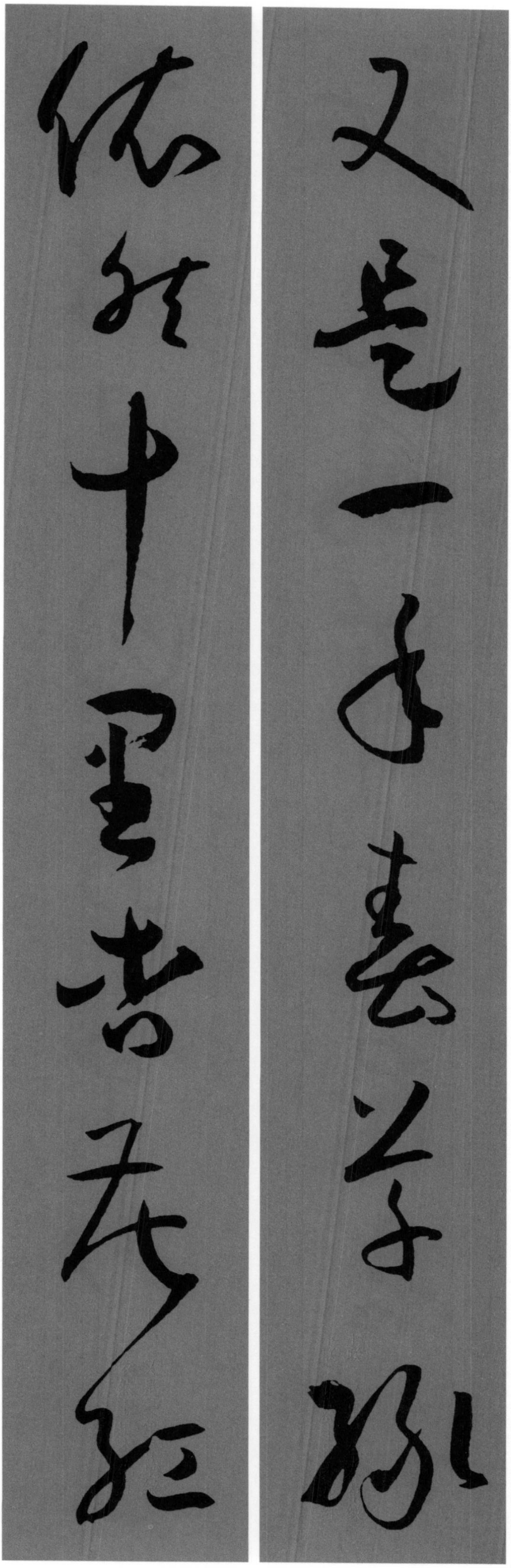

上联一又是一年春草绿
下联一依然十里杏花红

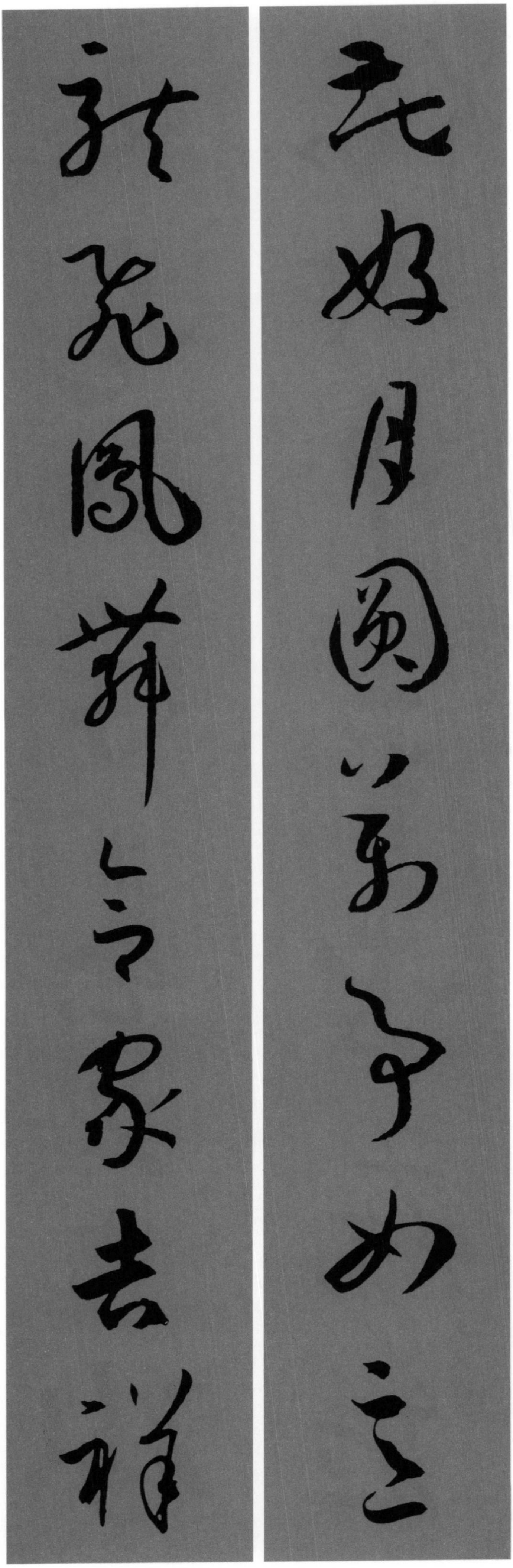

上联—花好月圆万事如意

下联—龙飞凤舞合家吉祥

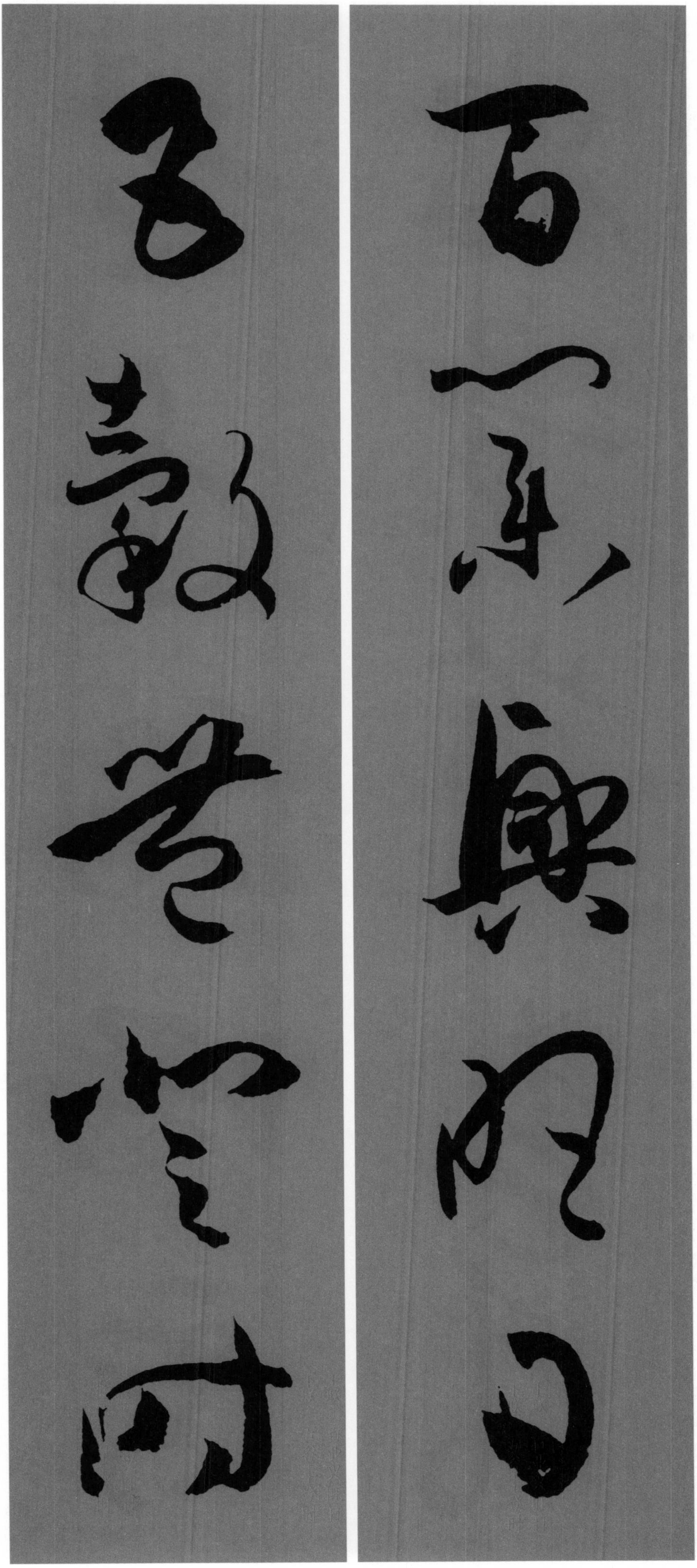

上联—百业兴旺日
下联—五谷丰登时

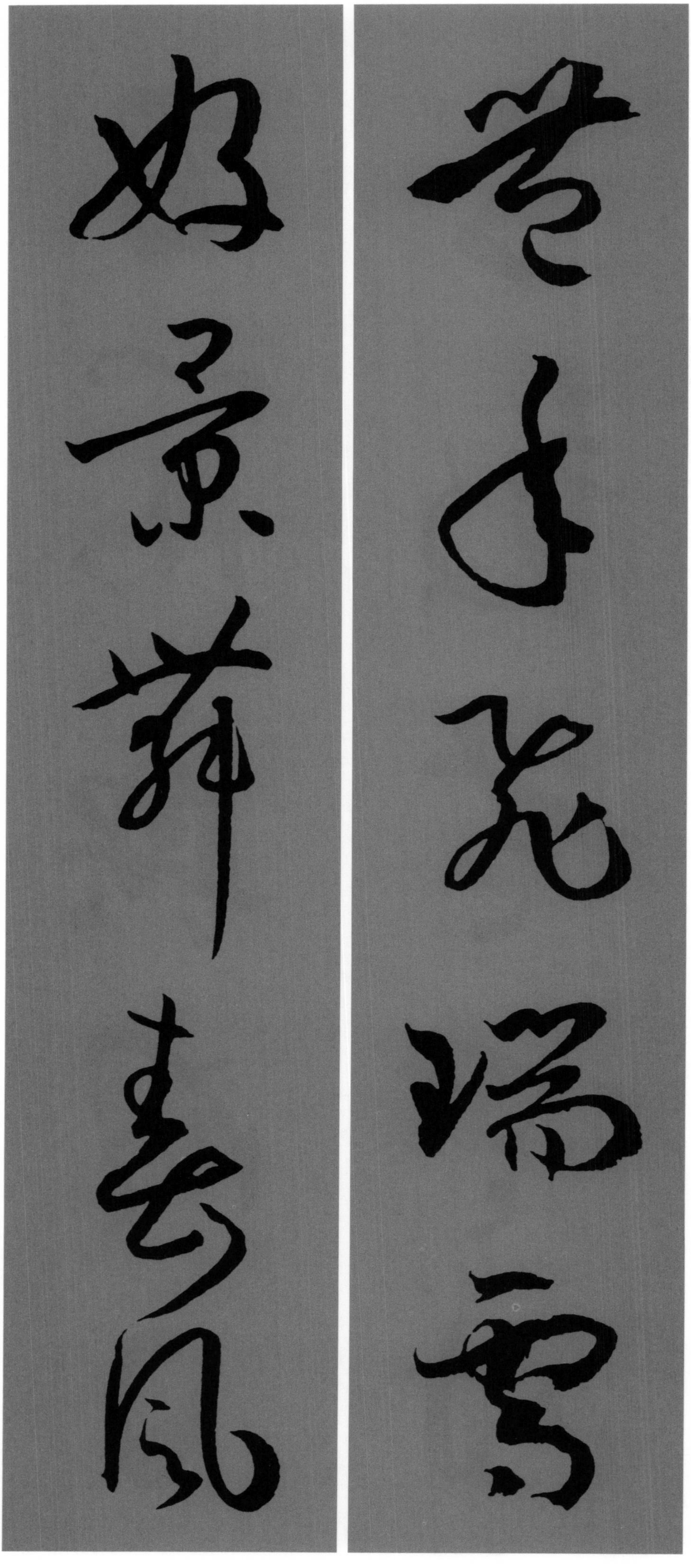

上联—丰年飞瑞雪
下联—好景舞春风

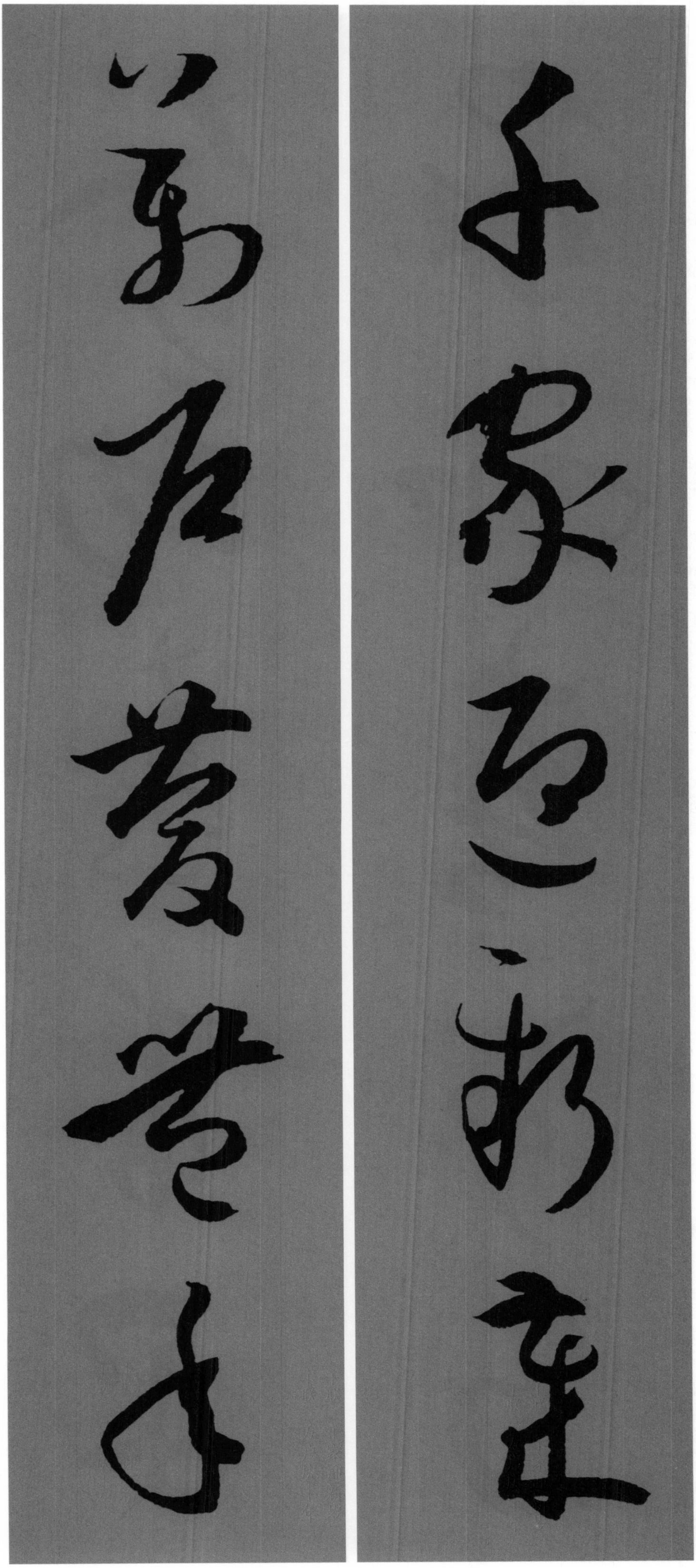

上联一 千家迎新岁
下联一 万户庆丰年

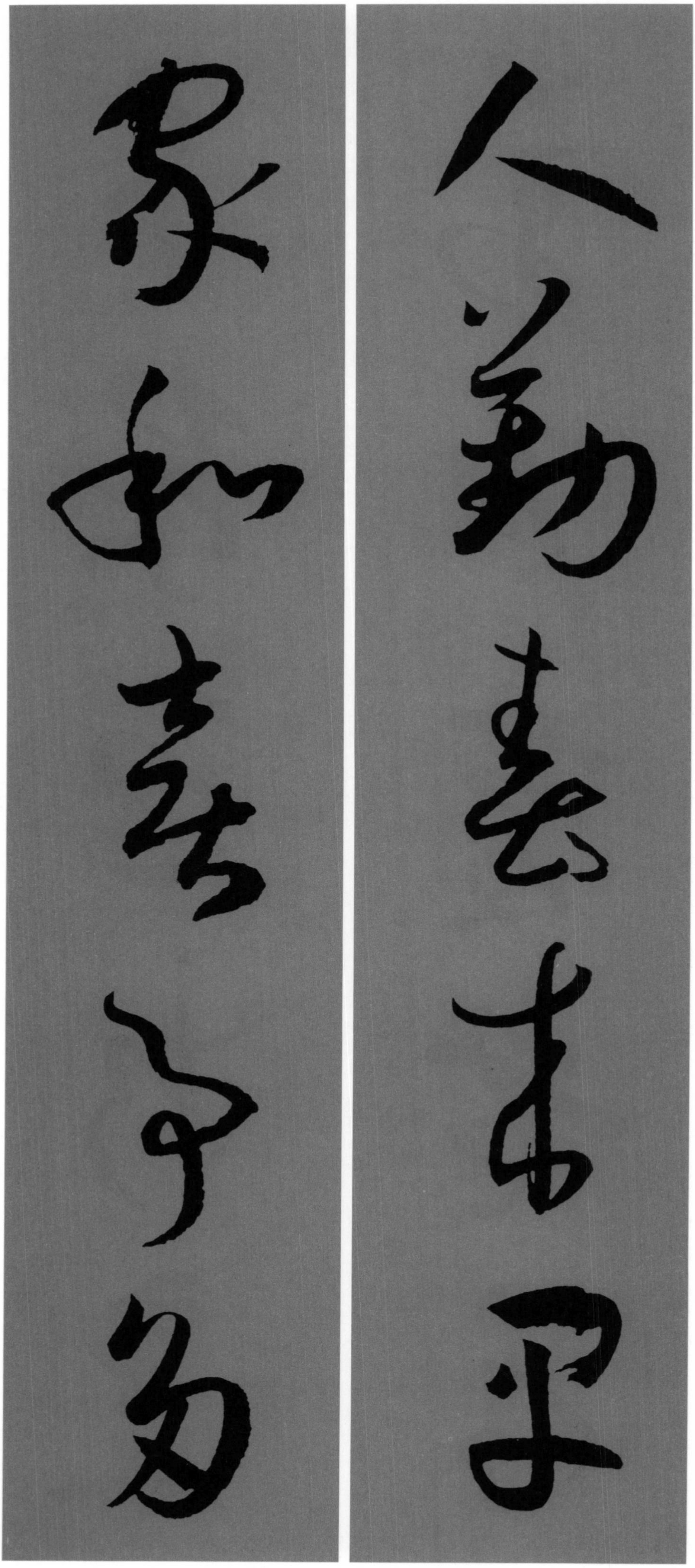

上联—人勤春来早
下联—家和喜事多

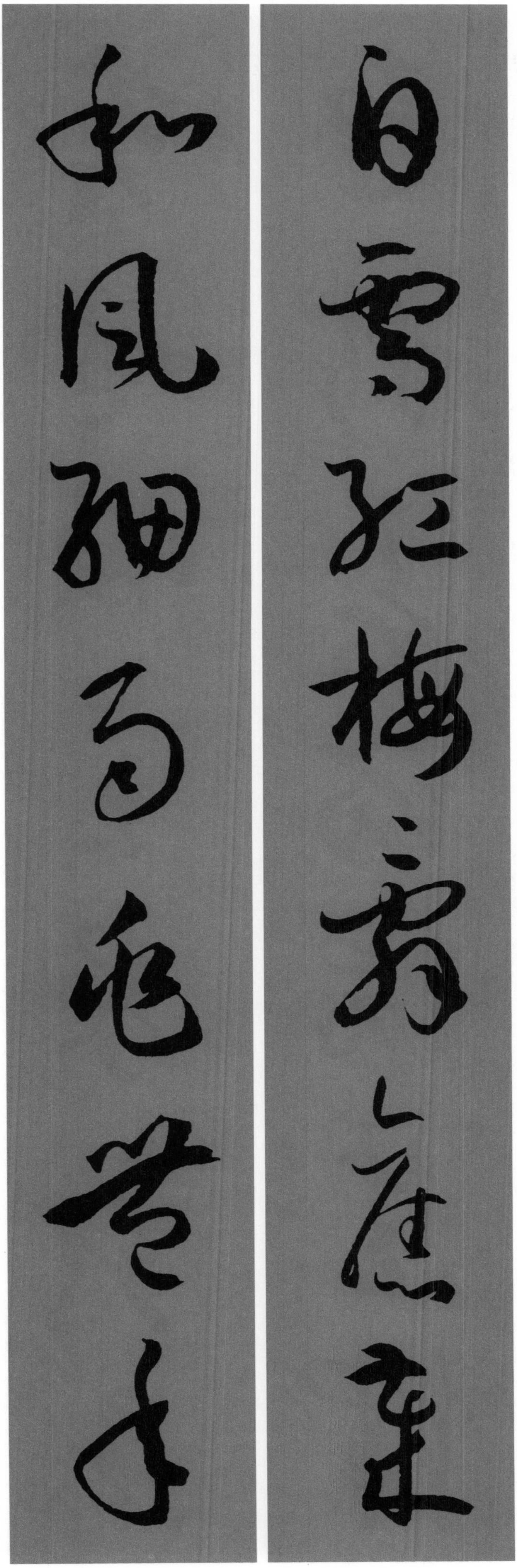

上联— 白雪红梅辞旧岁
下联— 和风细雨兆丰年

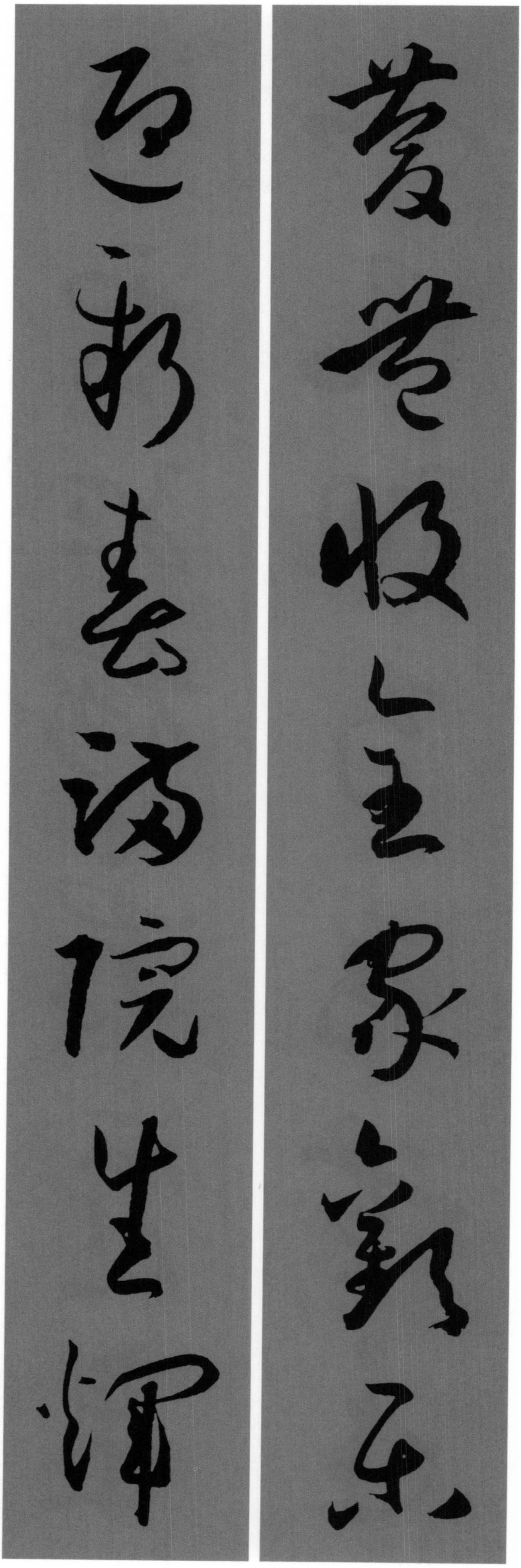

上联—庆丰收全家欢乐
下联—迎新春满院生辉

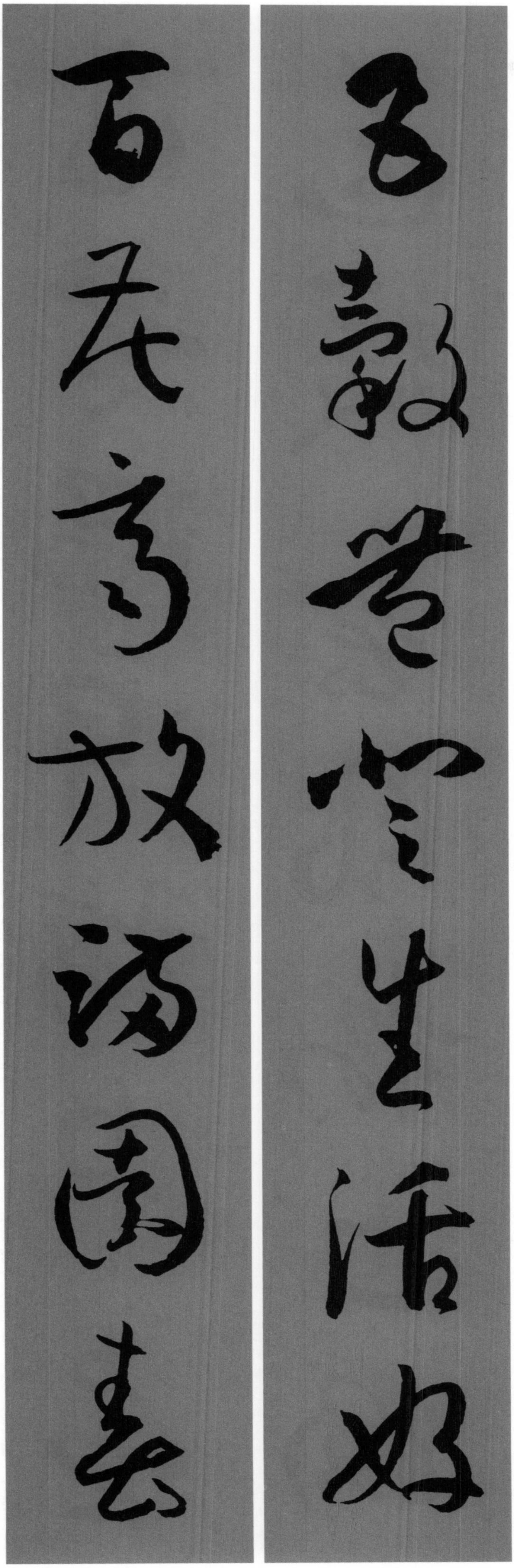

上联—五谷丰登生活好
下联—百花齐放满园春

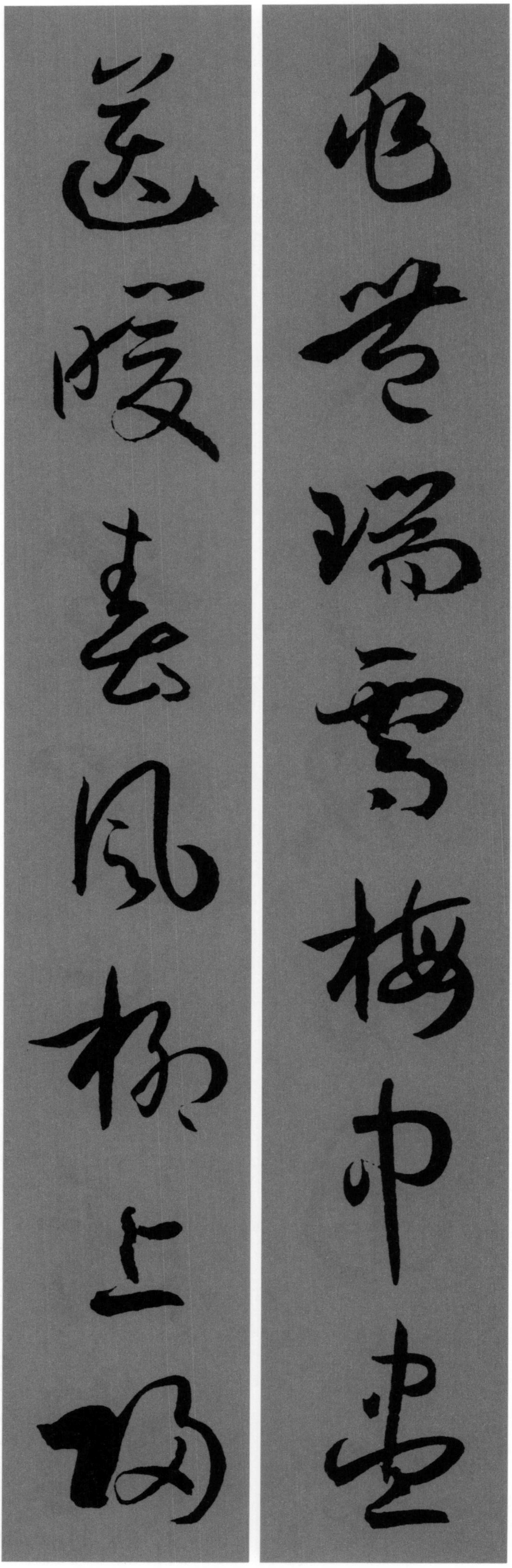

上联— 兆丰瑞雪梅中尽
下联— 送暖春风柳上归

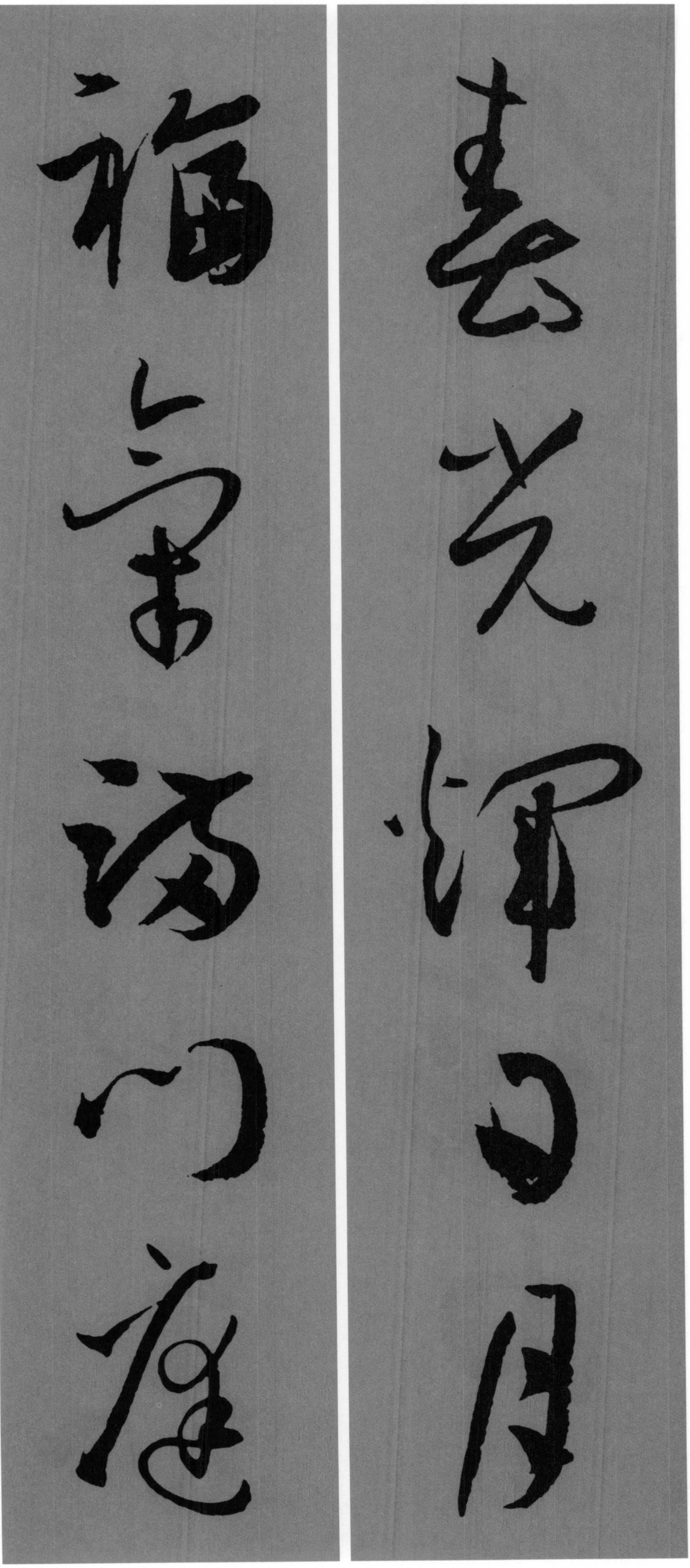

上联一 春光辉日月
下联一 福气满门庭

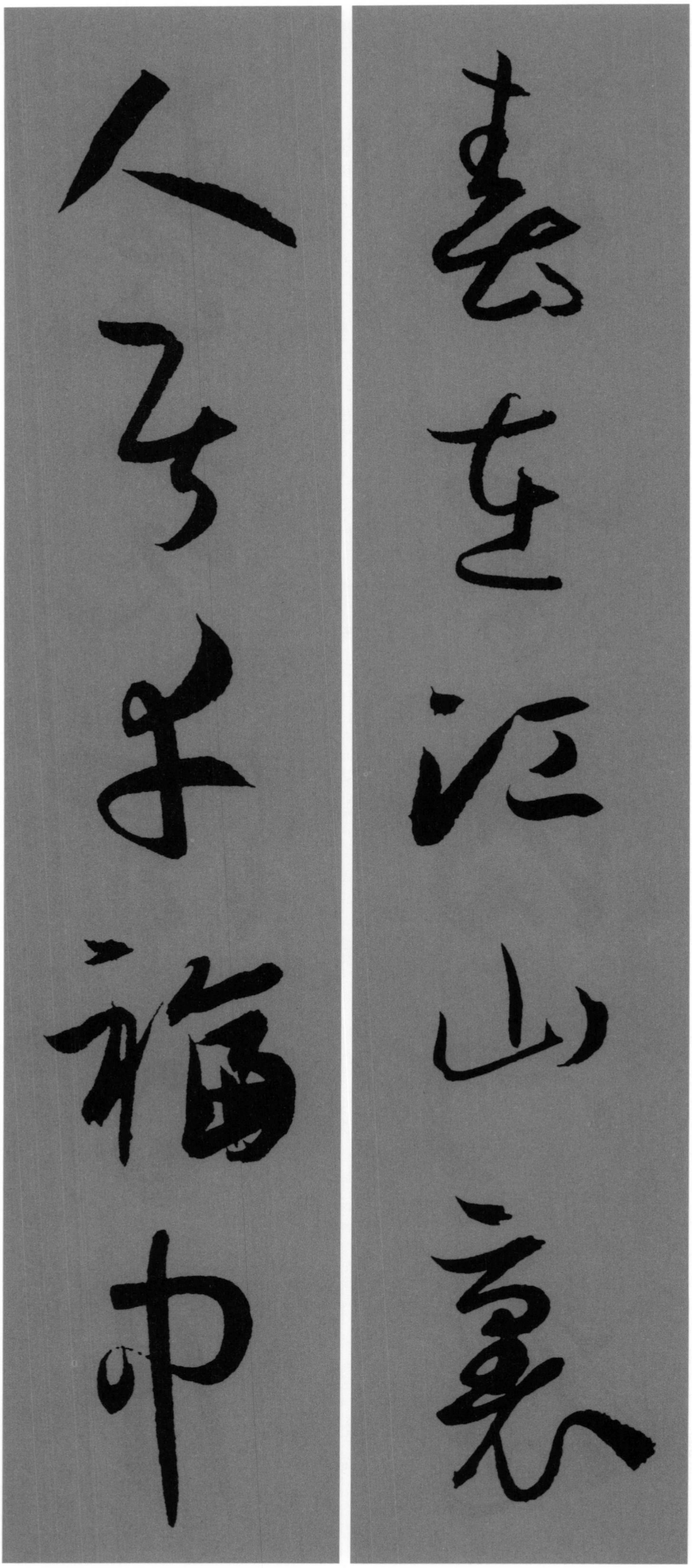

上联—春在江山里
下联—人居幸福中

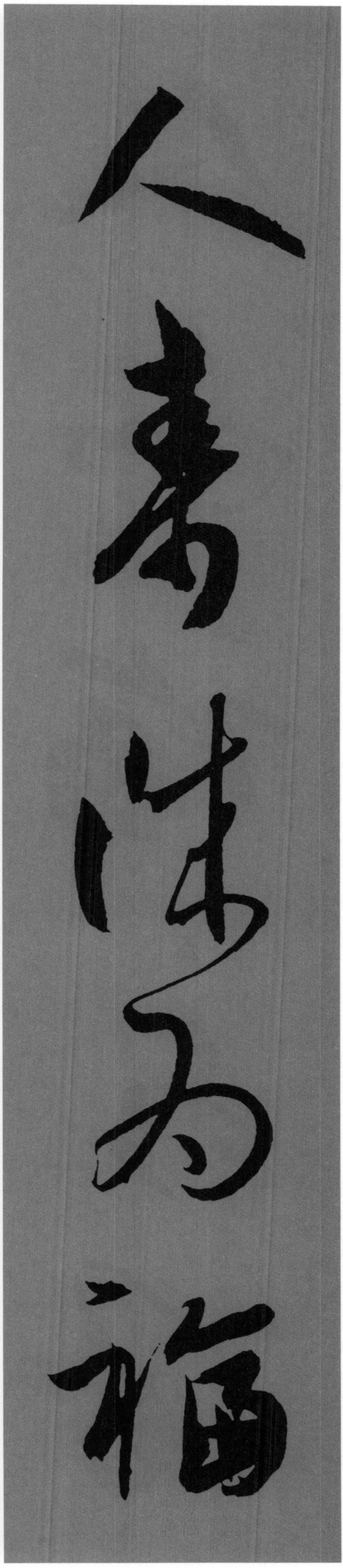

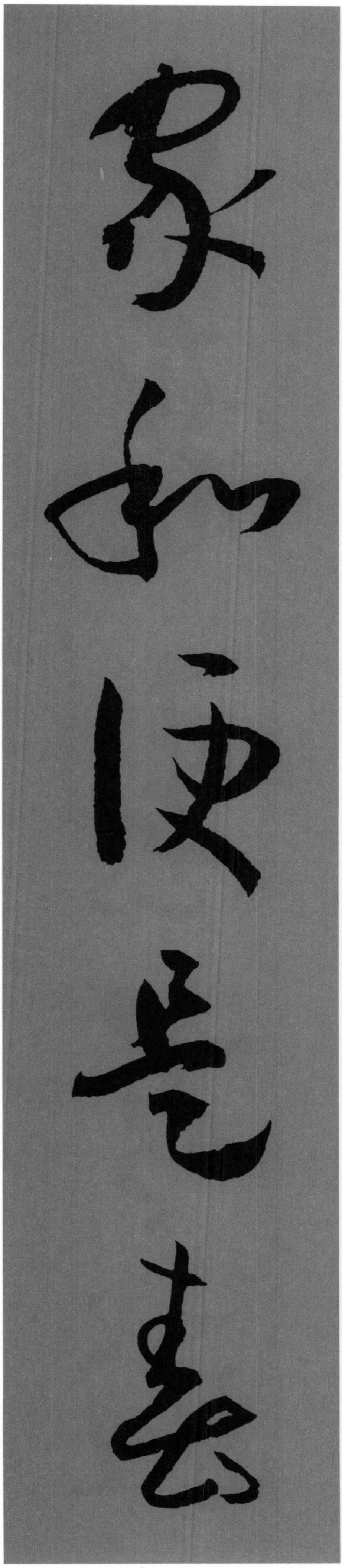

上联— 人寿诚为福
下联— 家和便是春

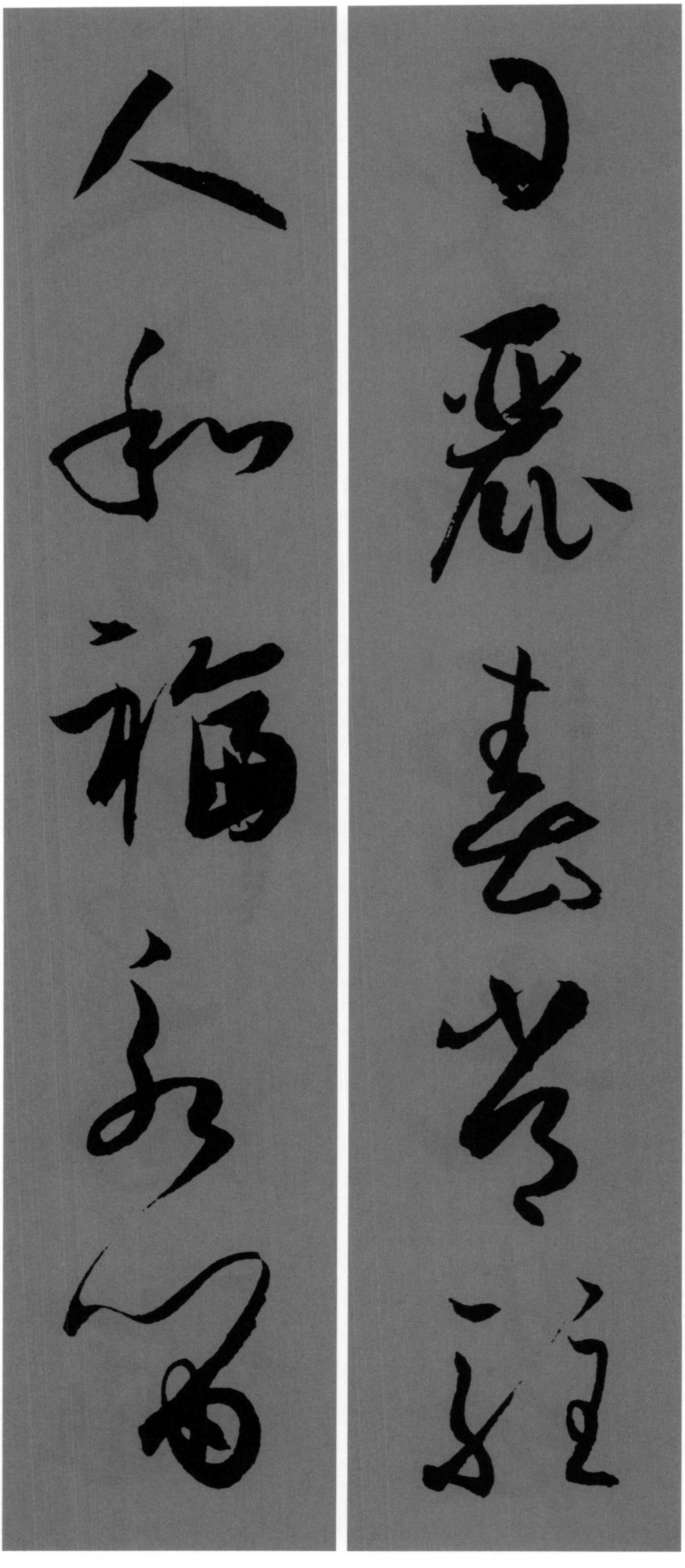

上联—日丽春常驻
下联—人和福永留

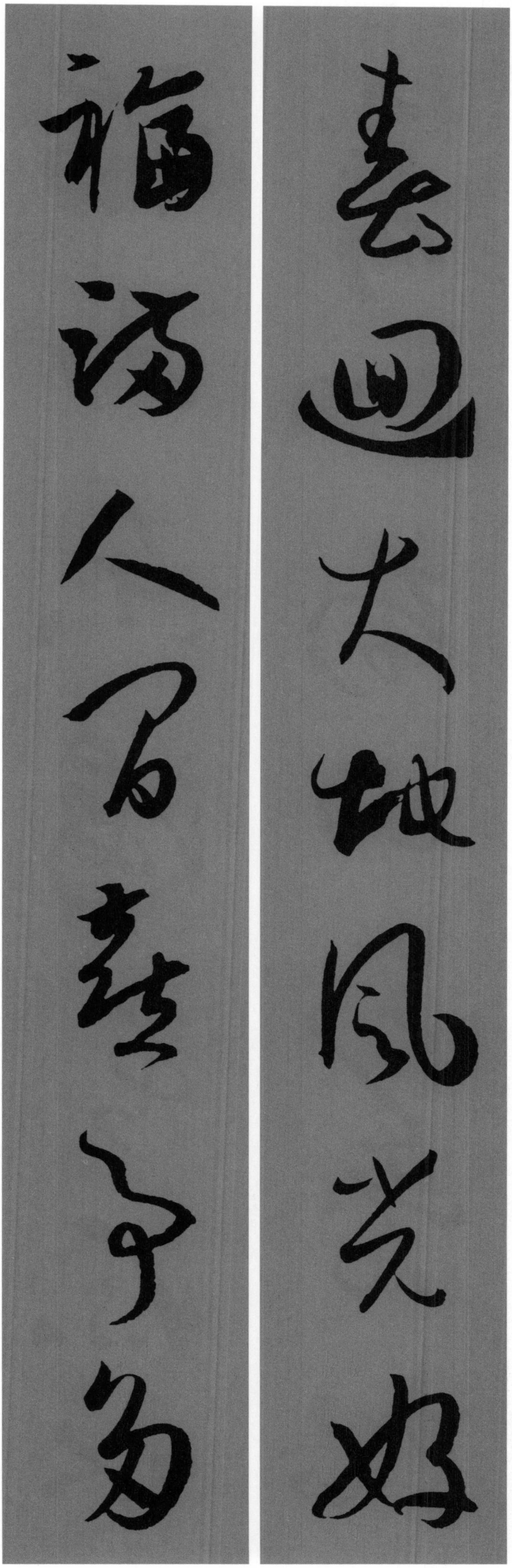

上联—春回大地风光好
下联—福满人间喜事多

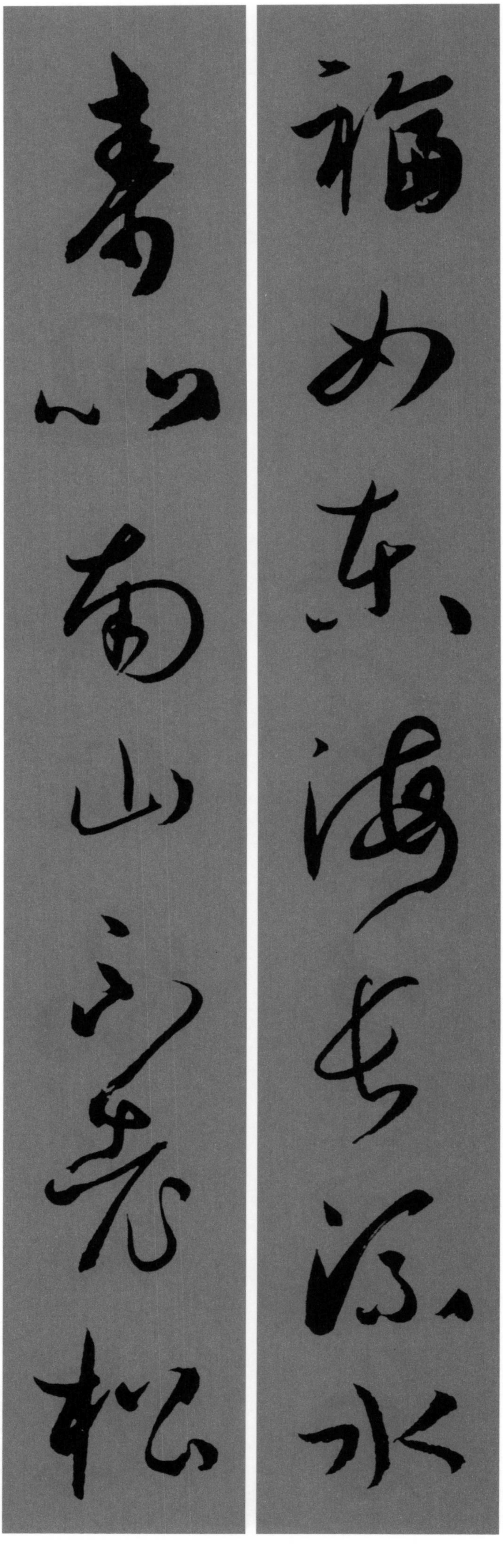

上联—福如东海长流水
下联—寿比南山不老松

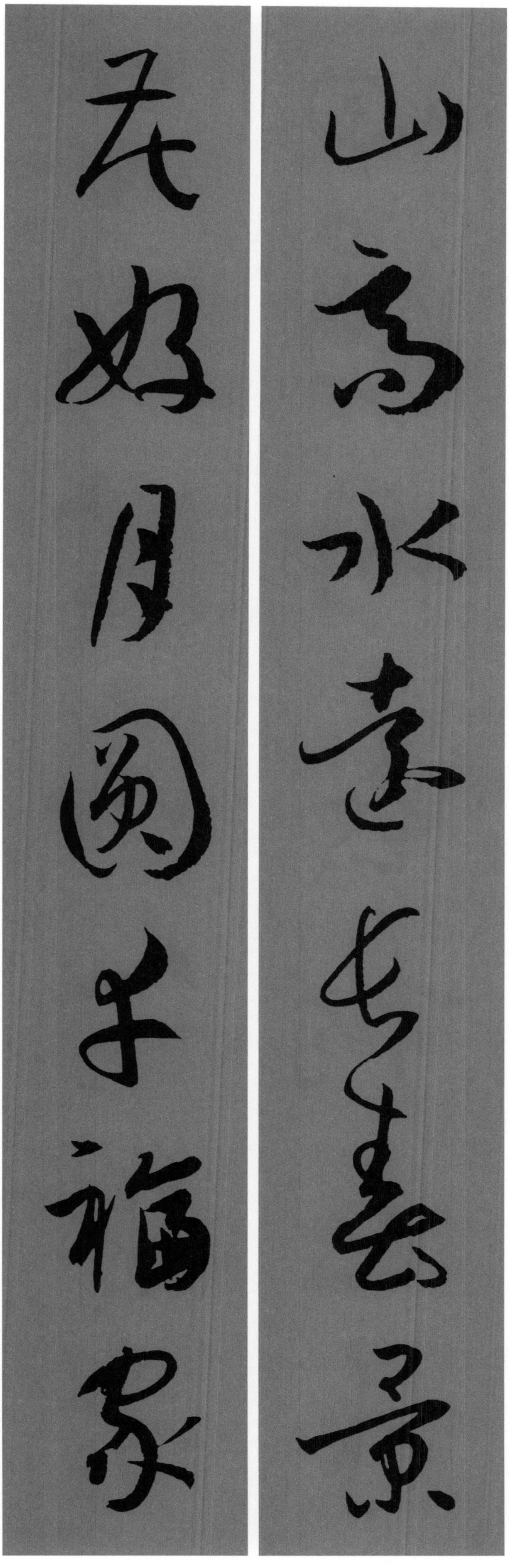

上联—山高水远长春景
下联—花好月圆幸福家

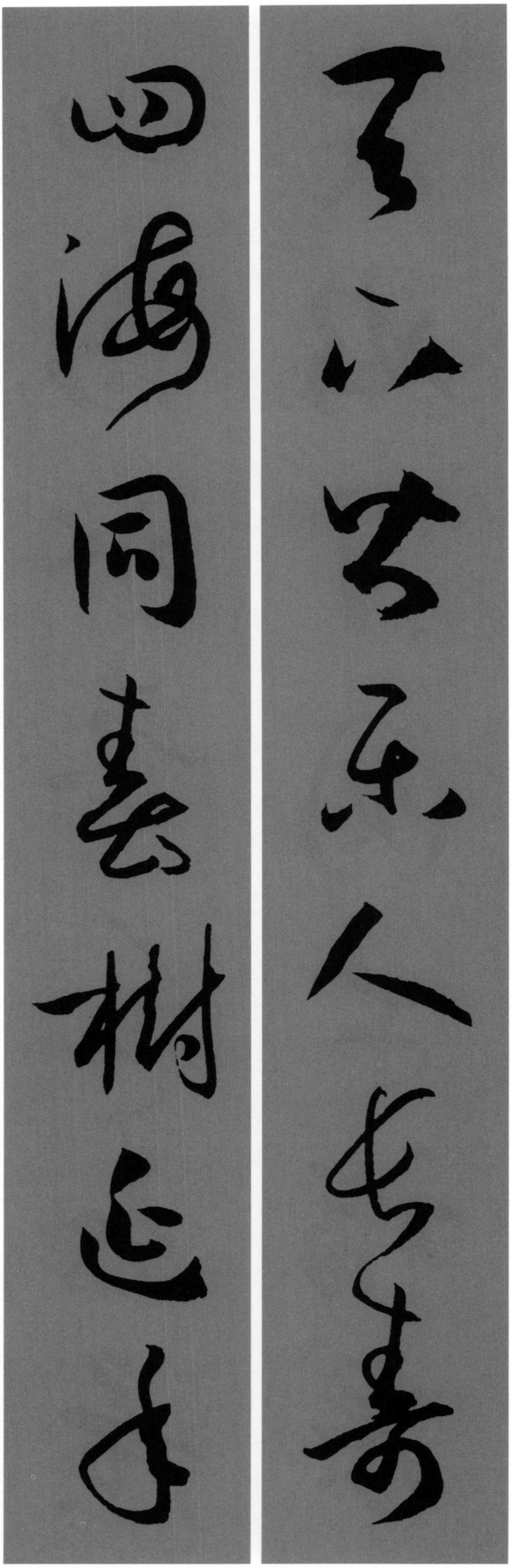

上联— 天下皆乐人长寿
下联— 四海同春树延年

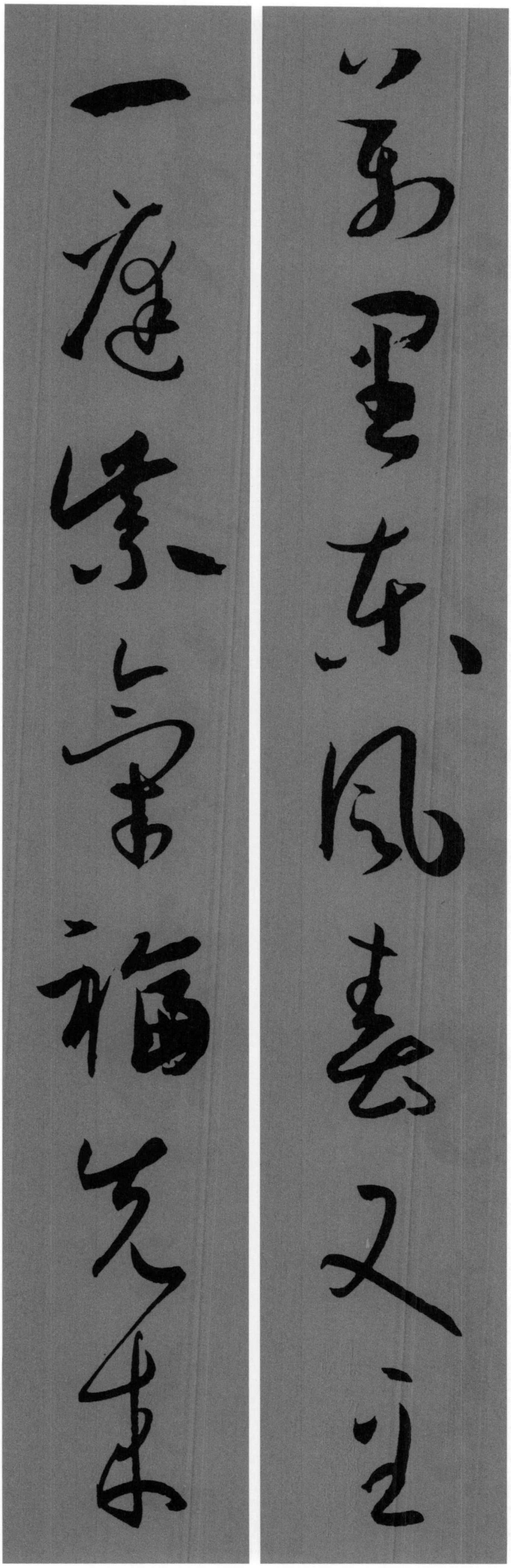

上联—万里东风春又至
下联—一庭紫气福先来

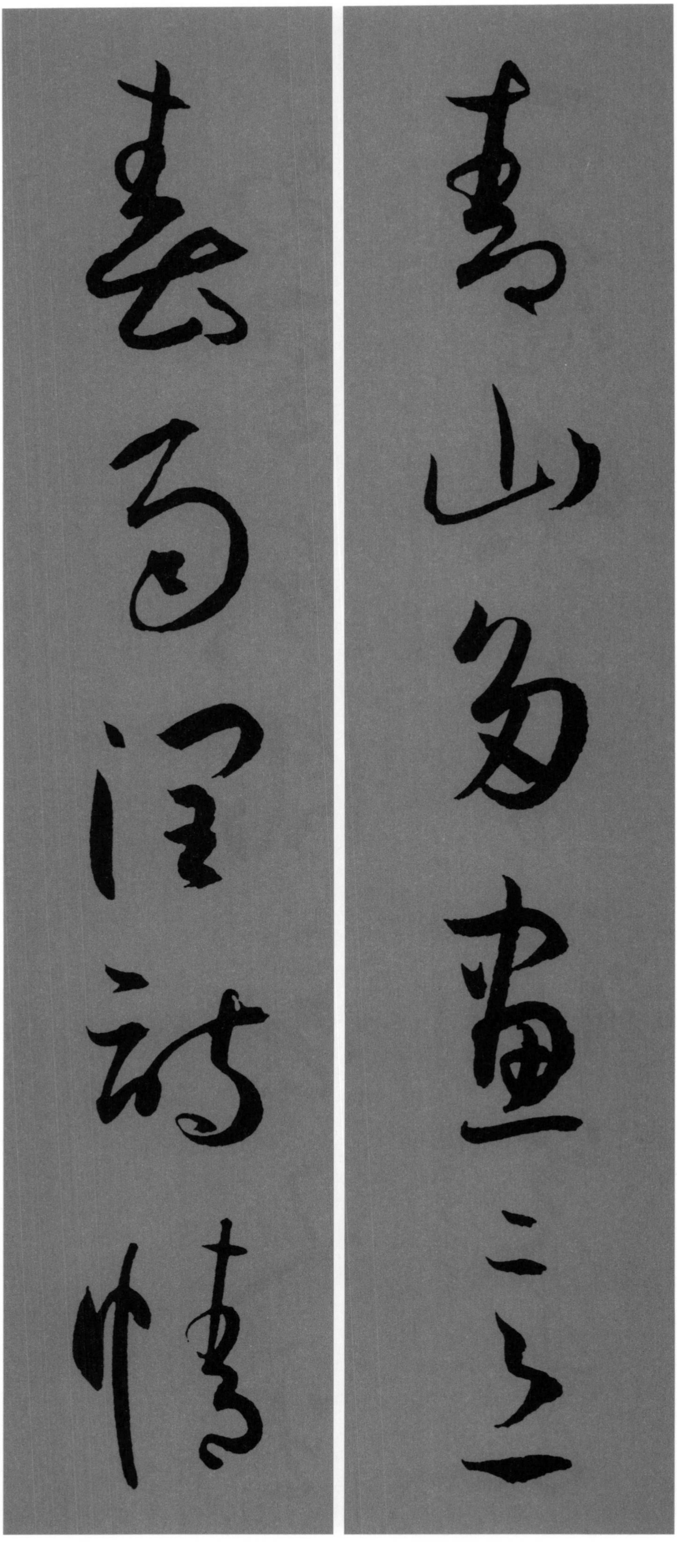

上联— 青山多画意
下联— 春雨润诗情

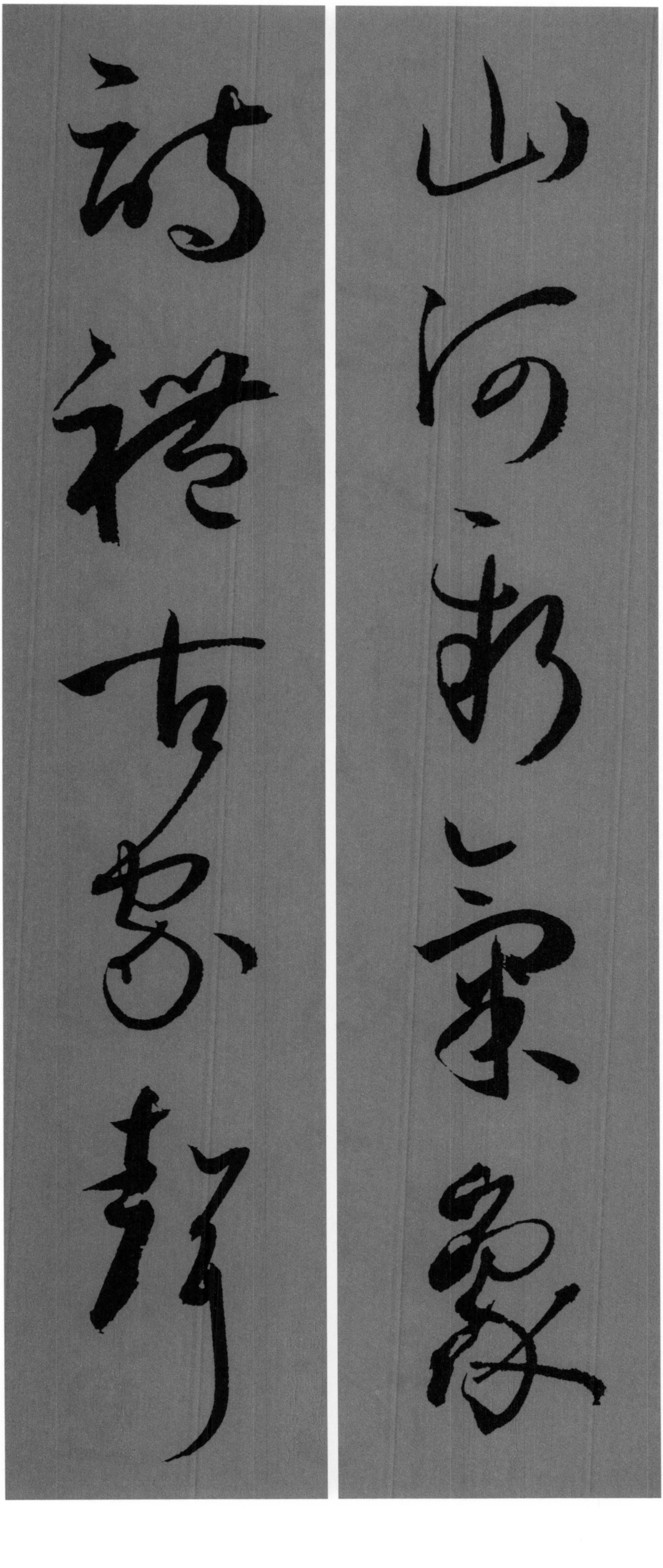

上联— 山河新气象
下联— 诗礼古家声

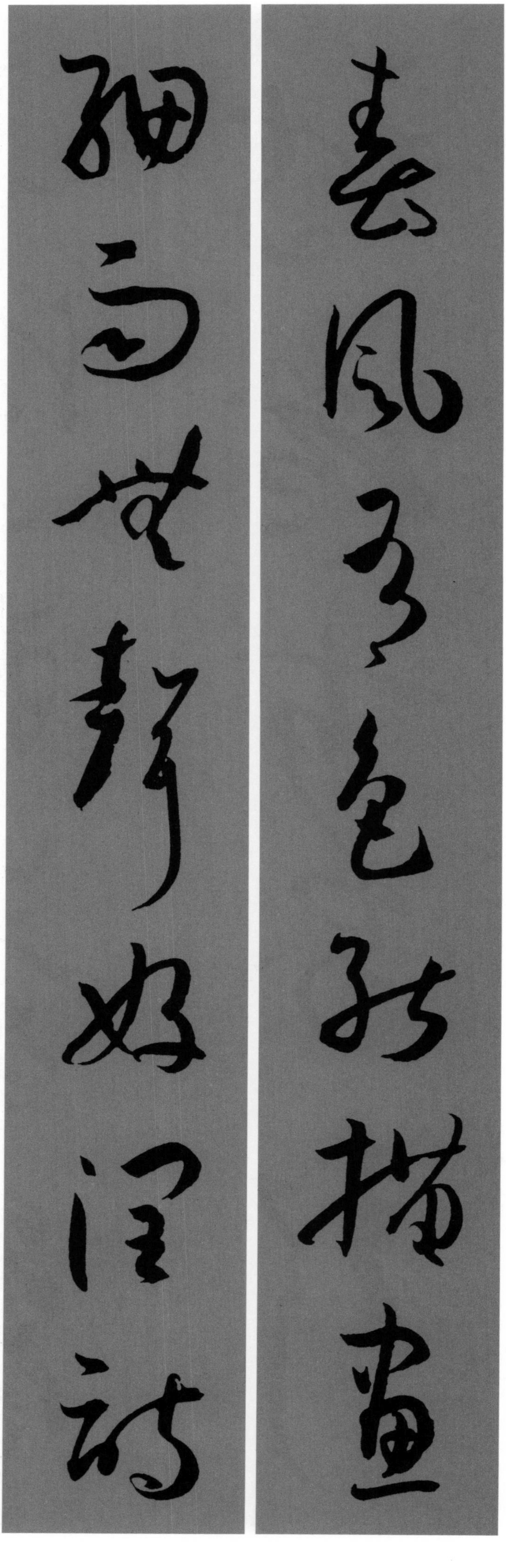

上联 春风有色能描画
下联 细雨无声好润诗

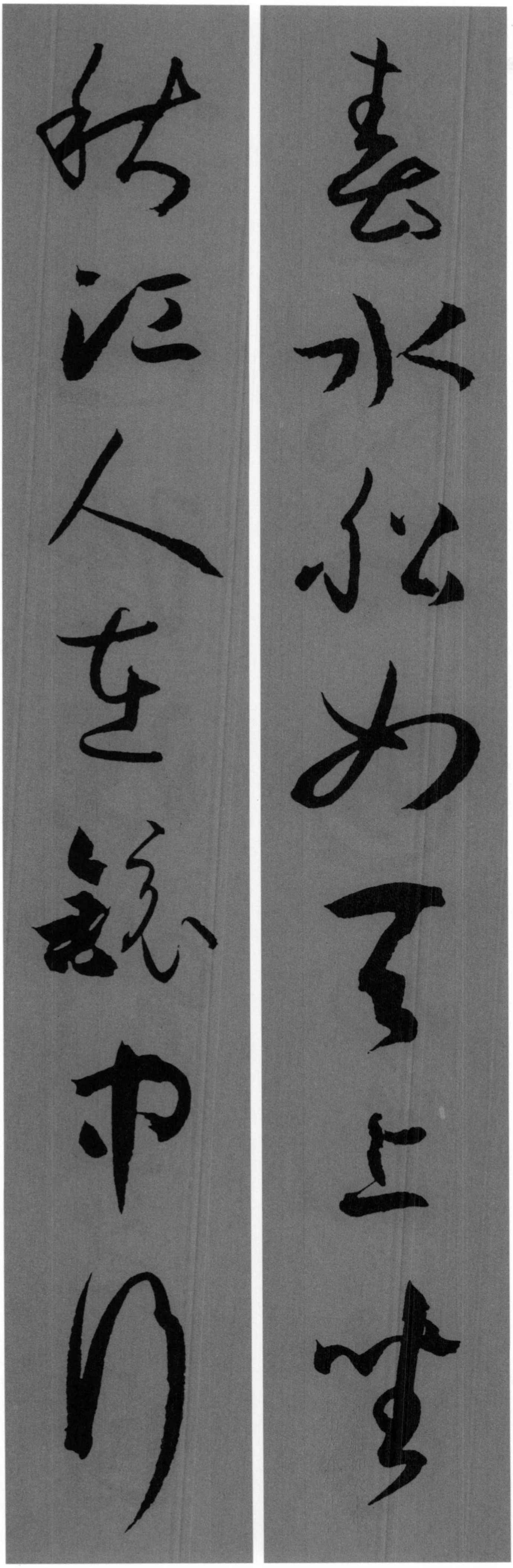

上联—春水船如天上坐
下联—秋山人在镜中行

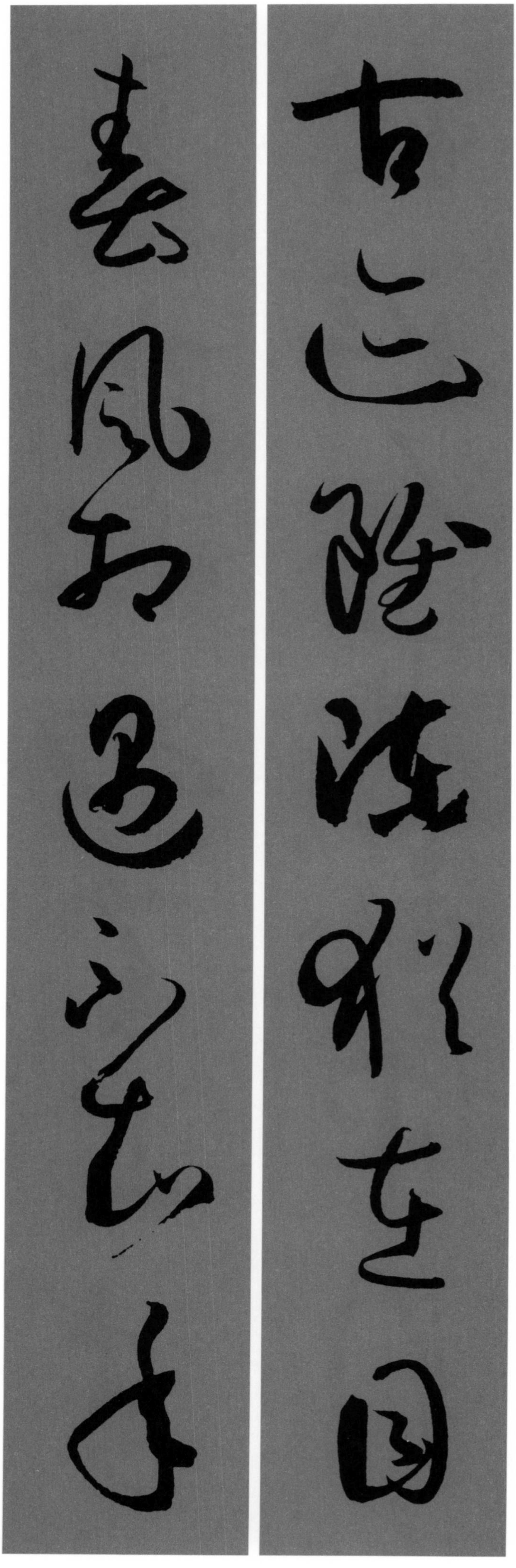

上联—古迹虽陈犹在目
下联—春风相遇不知年

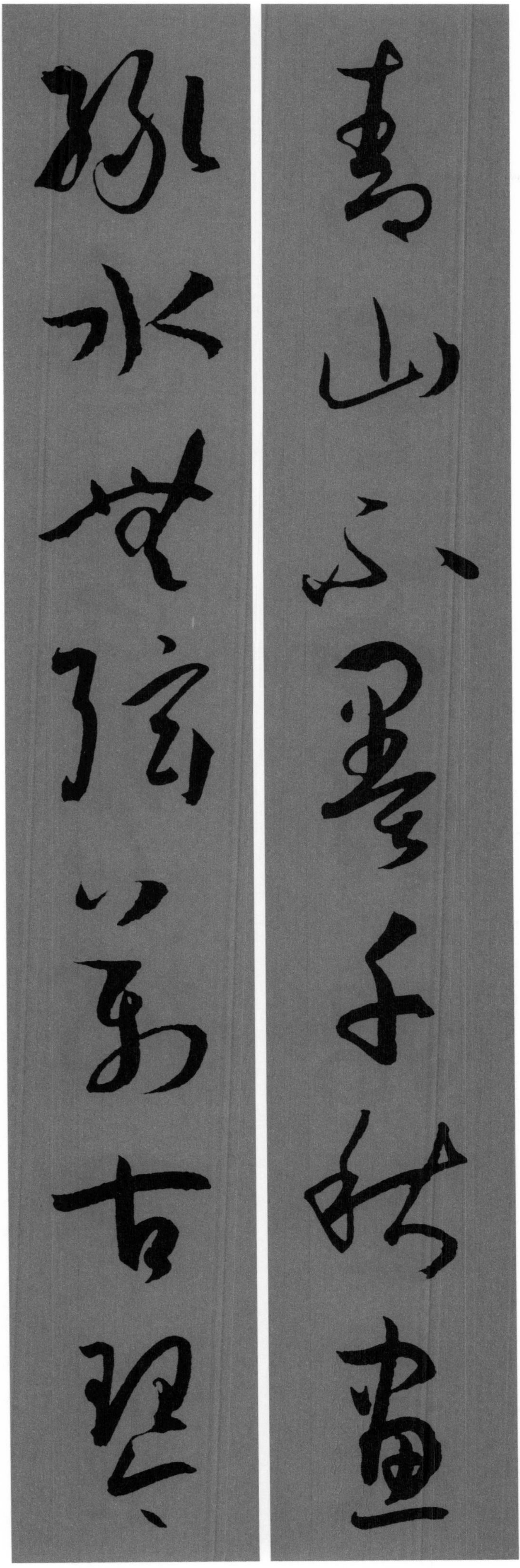

上联 — 青山不墨千秋画
下联 — 绿水无弦万古琴

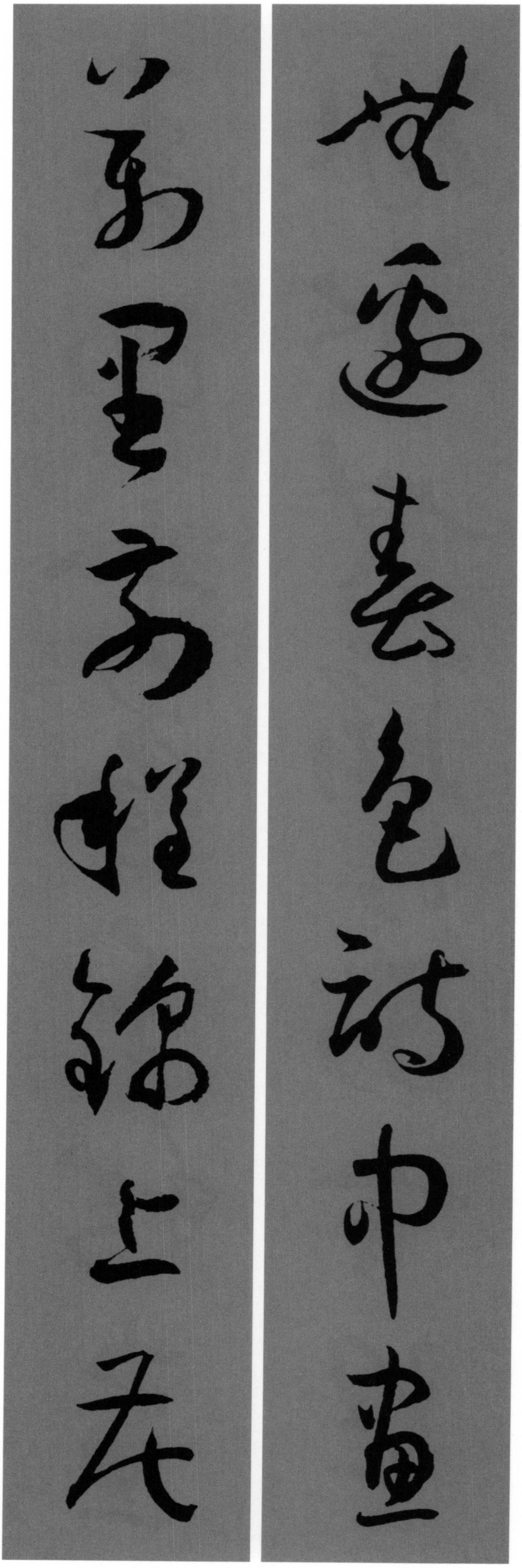

上联—无边春色诗中画
下联—万里前程锦上花

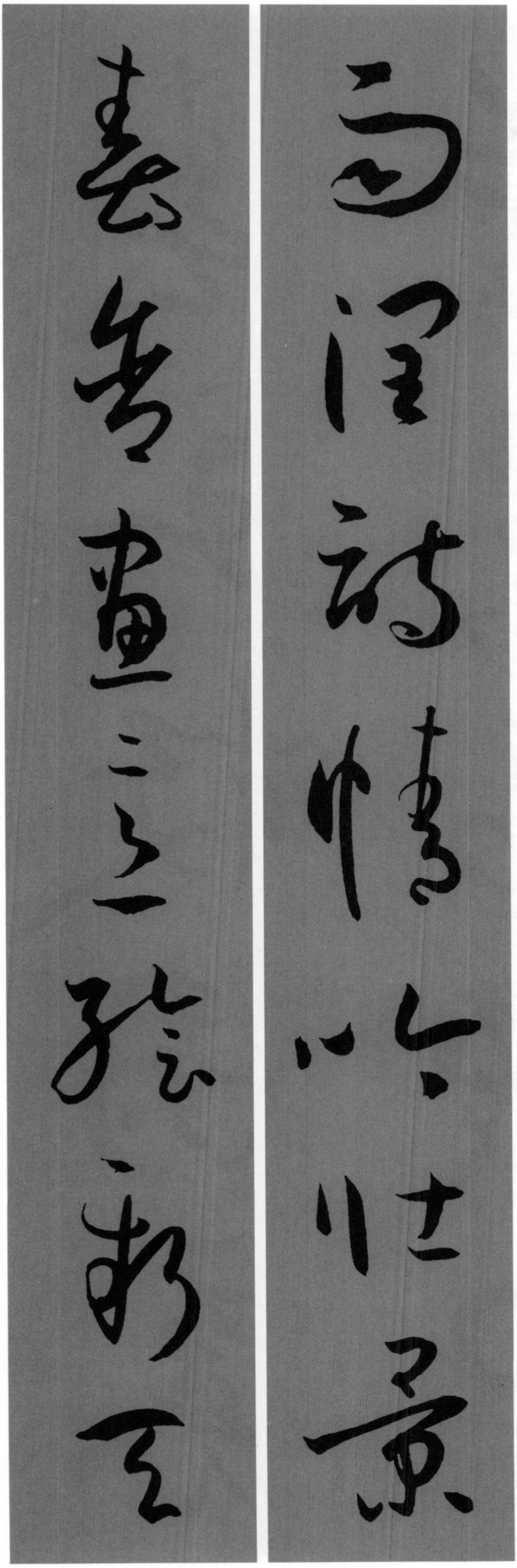

上联— 雨润诗情吟壮景
下联— 春含画意绘新天

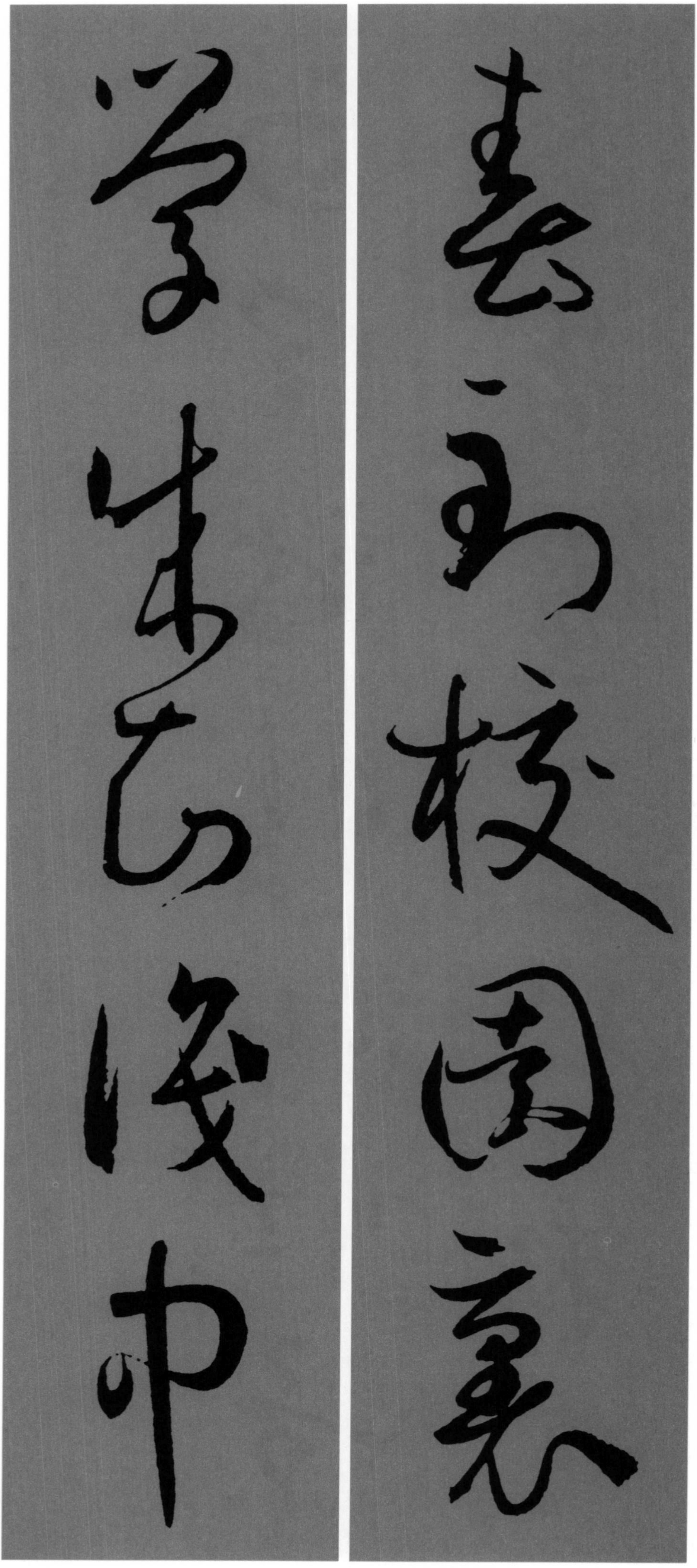

上联—春到校园里
下联—学成知识中

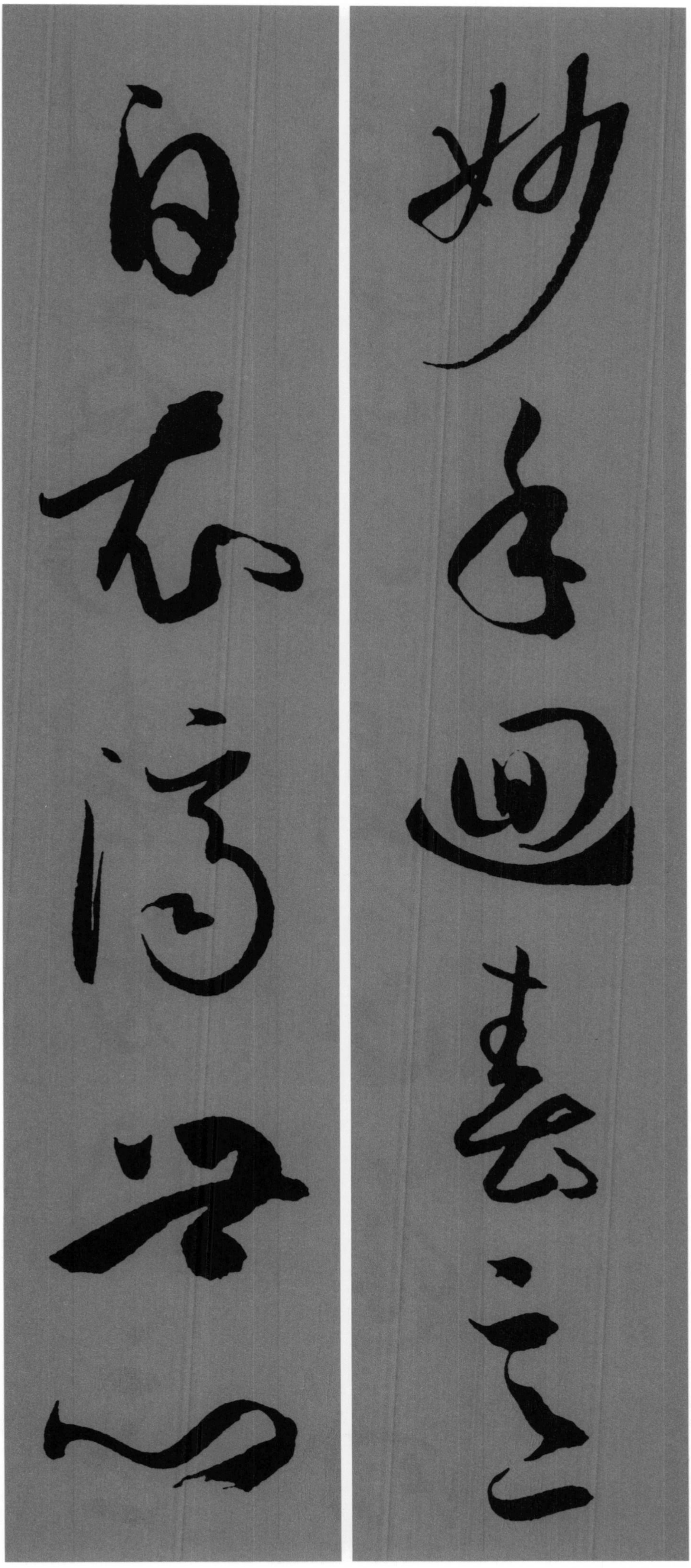

上联—妙手回春意
下联—白衣济世心

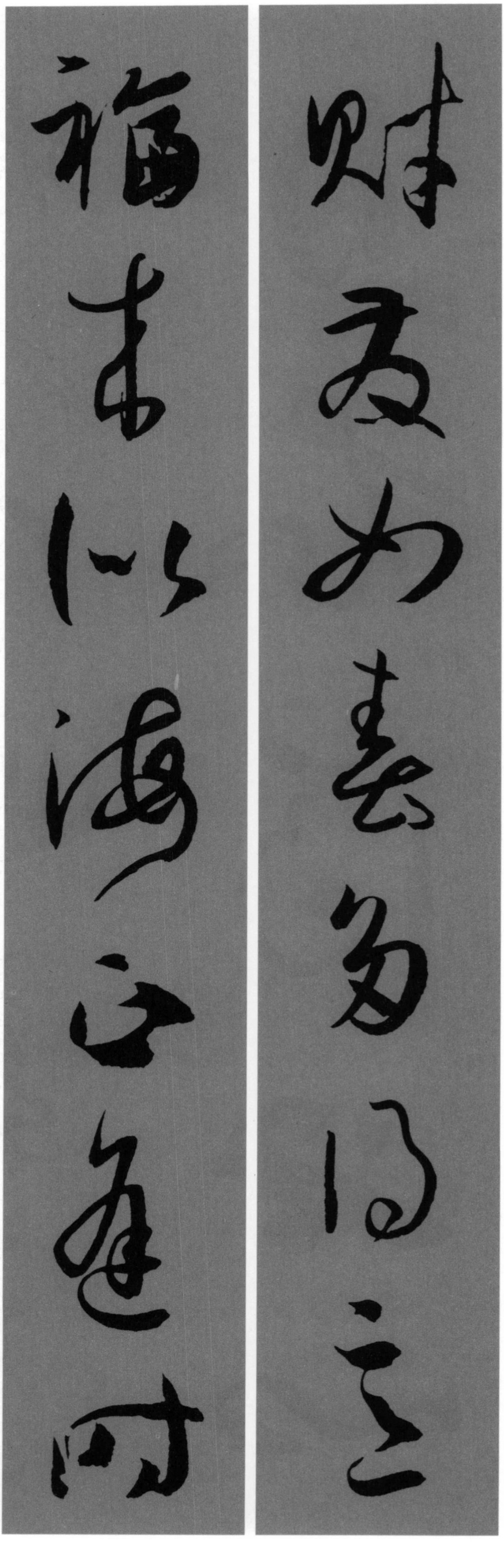

上联—财发如春多得意
下联—福来似海正逢时

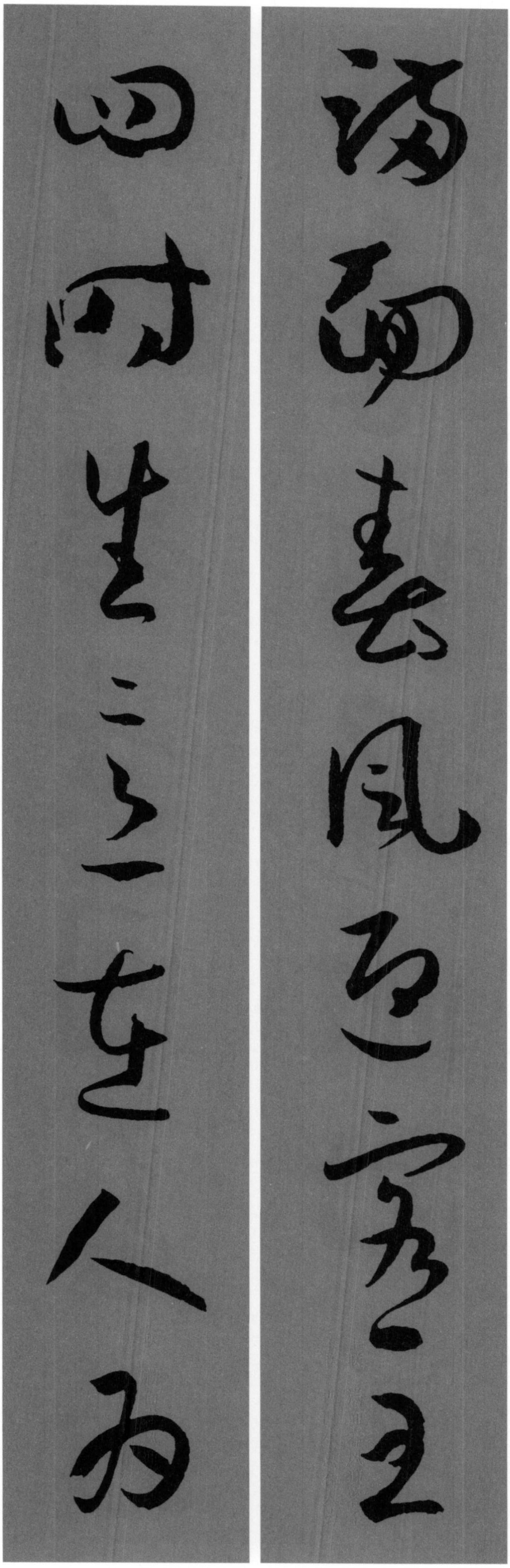

上联—满面春风迎客至
下联—四时生意在人为

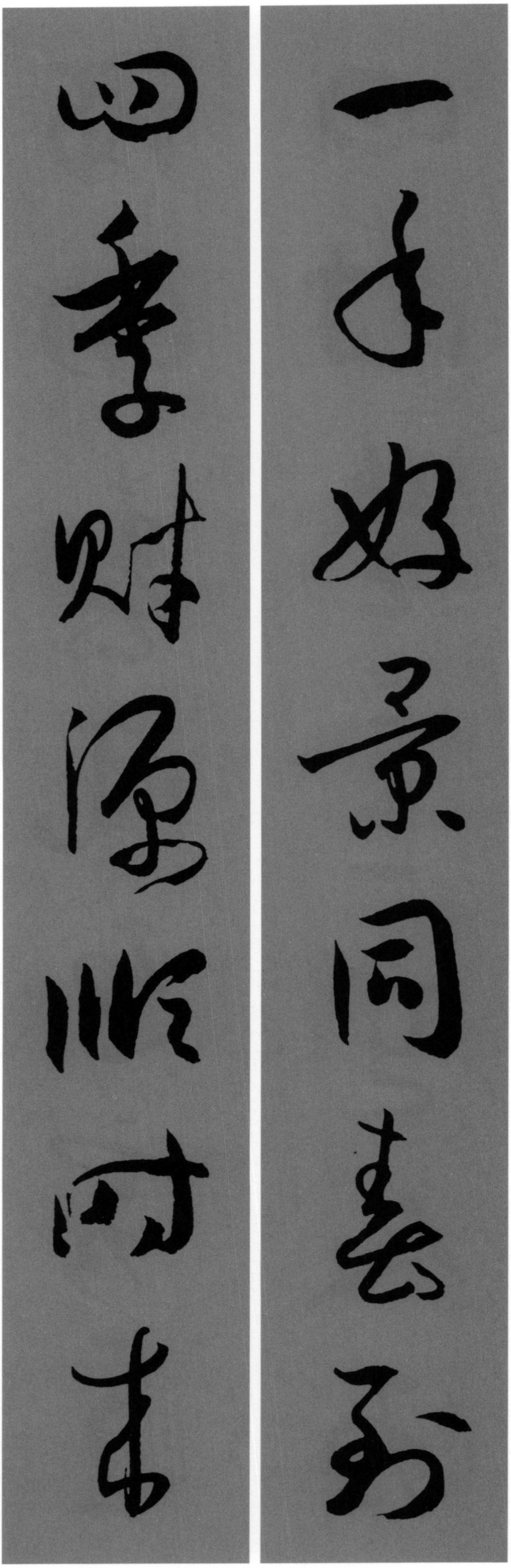

上联—一年好景同春到
下联—四季财源顺时来

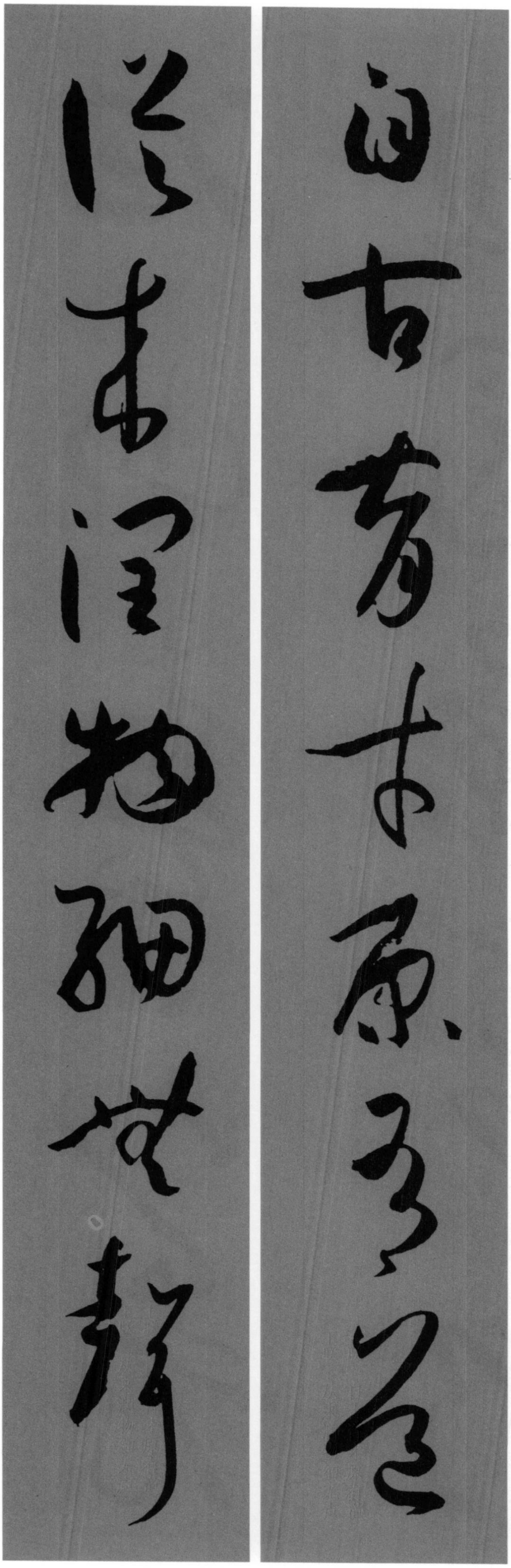

上联—自古育才原有道
下联—从来润物细无声

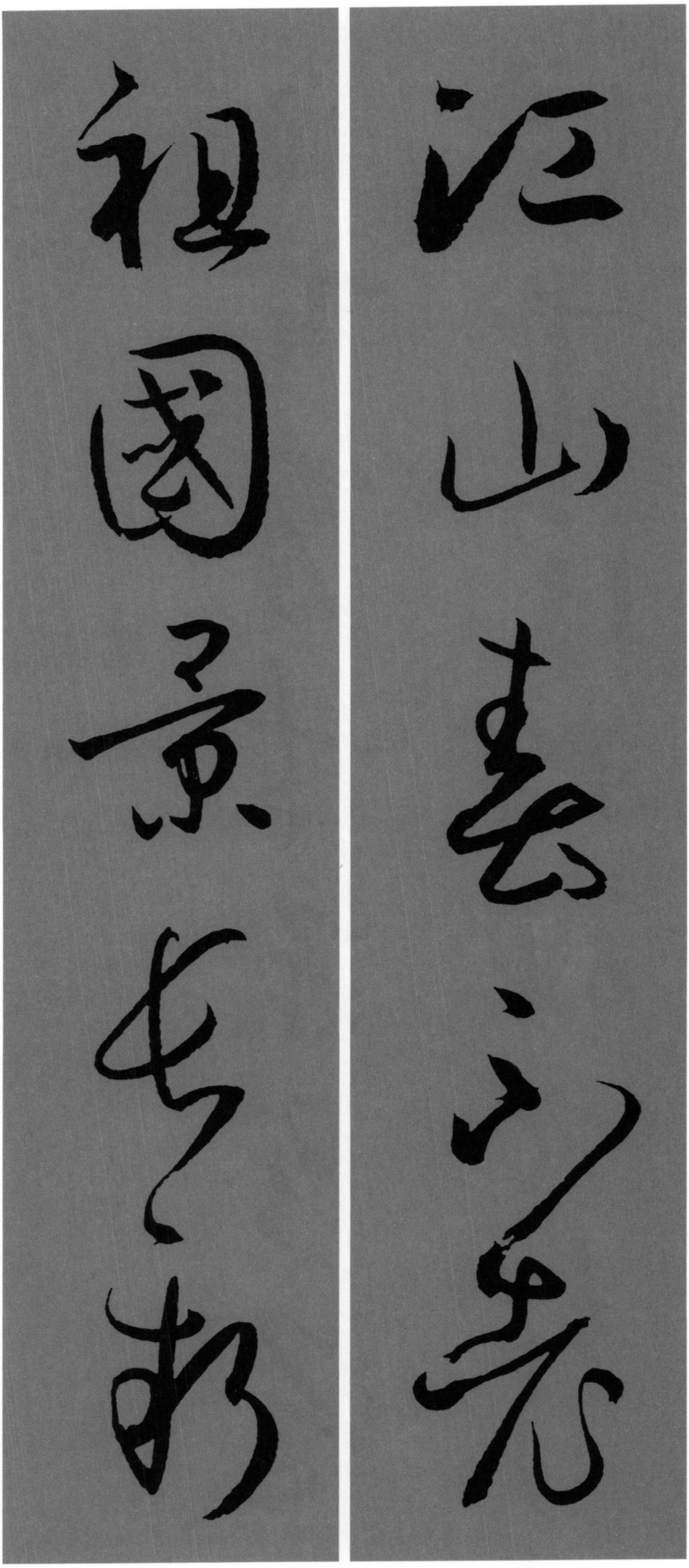

上联—江山春不老
下联—祖国景长新

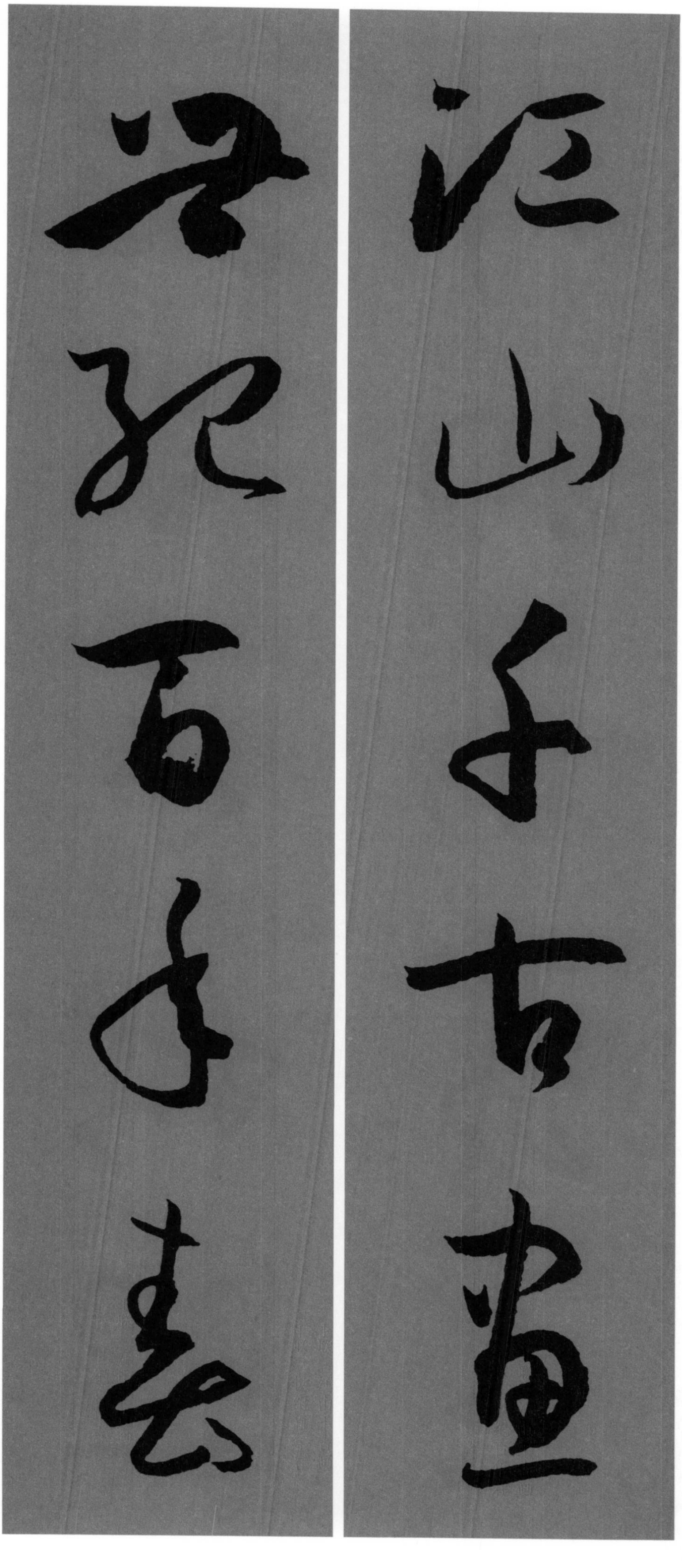

上联— 江山千古画
下联— 世纪百年春

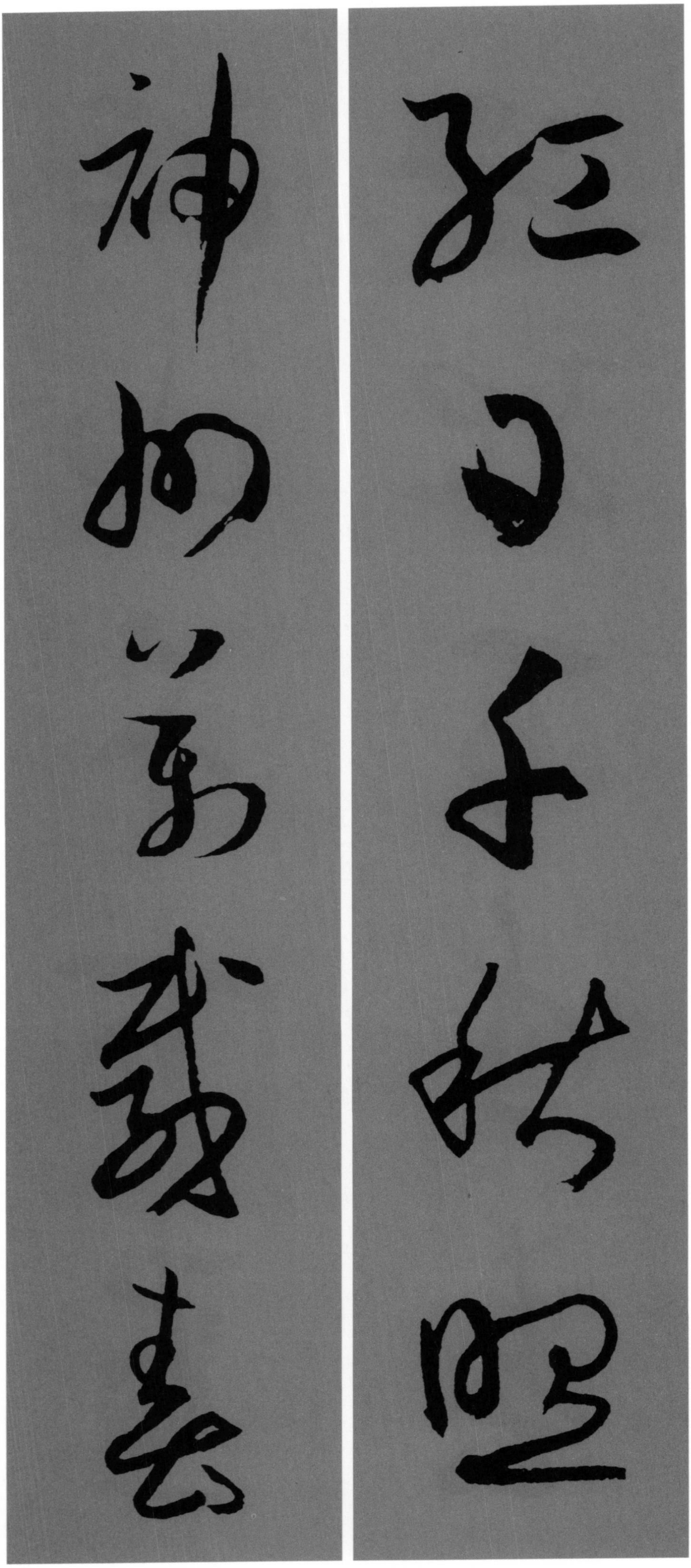

上联—红日千秋照
下联—神州万载春

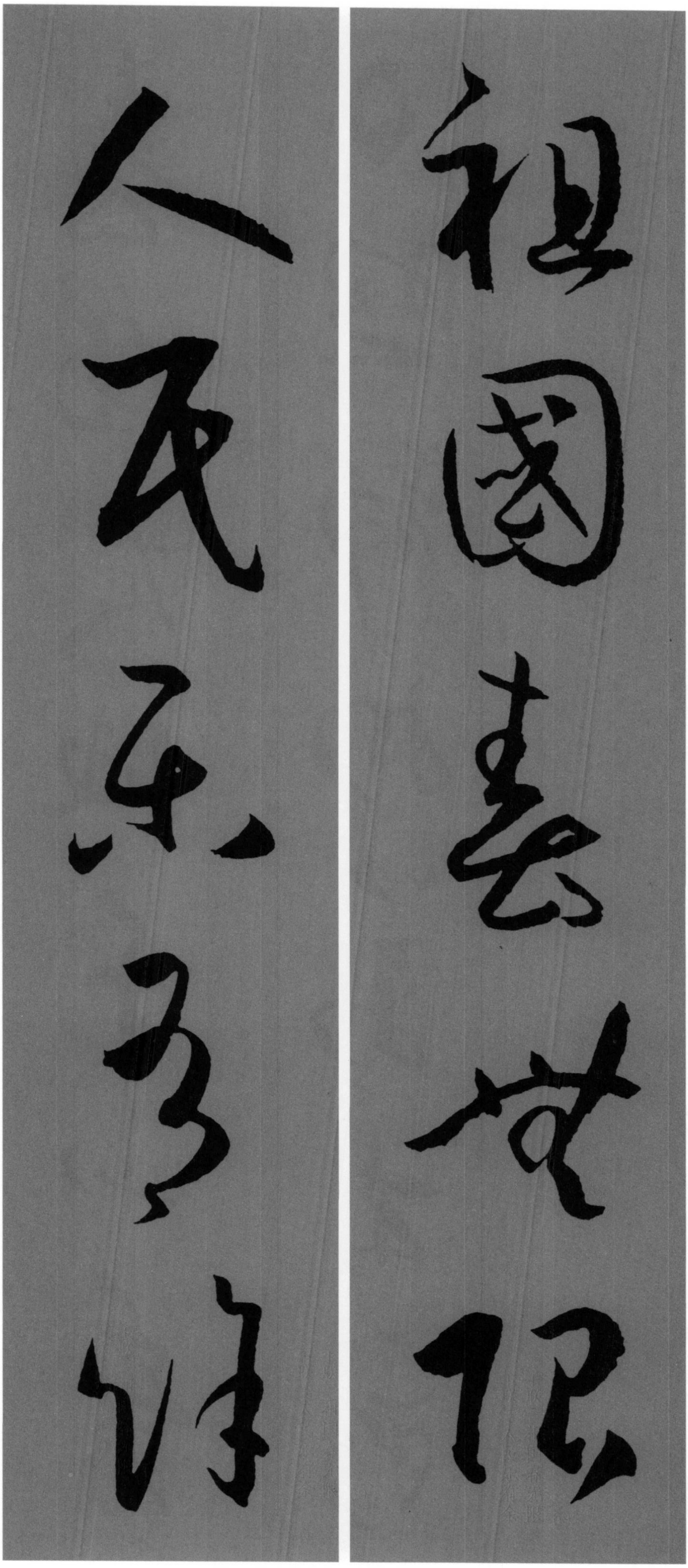

上联—祖国春无限
下联—人民乐有余

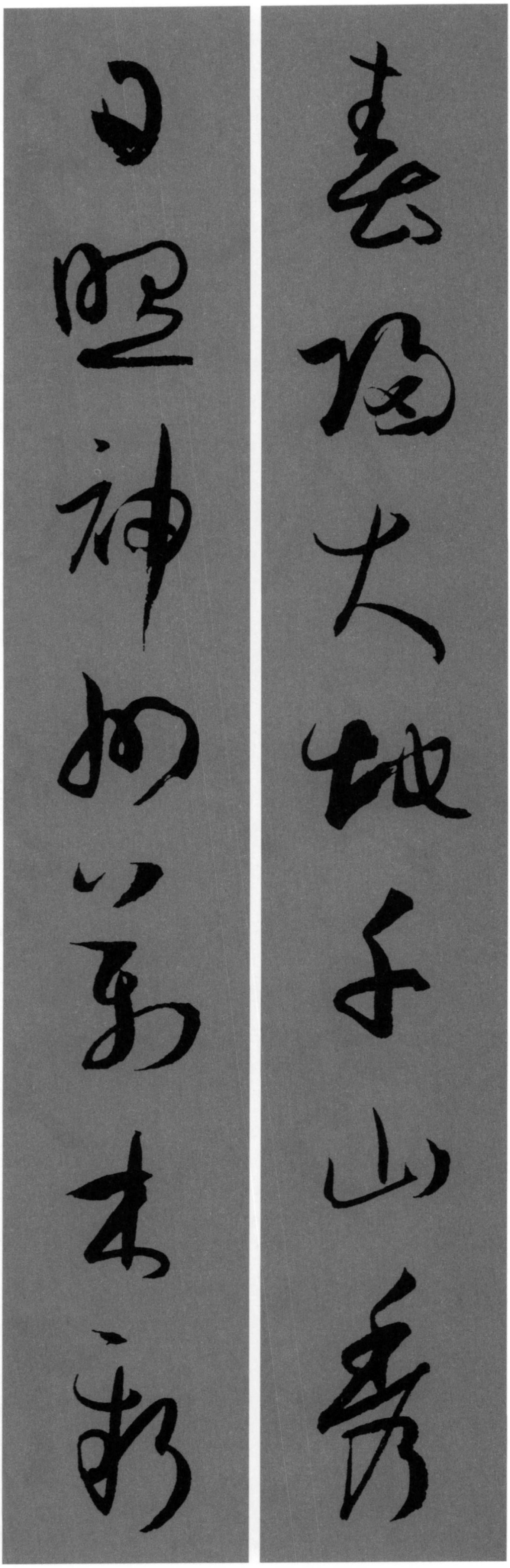

上联—春归大地千山秀
下联—日照神州万木新

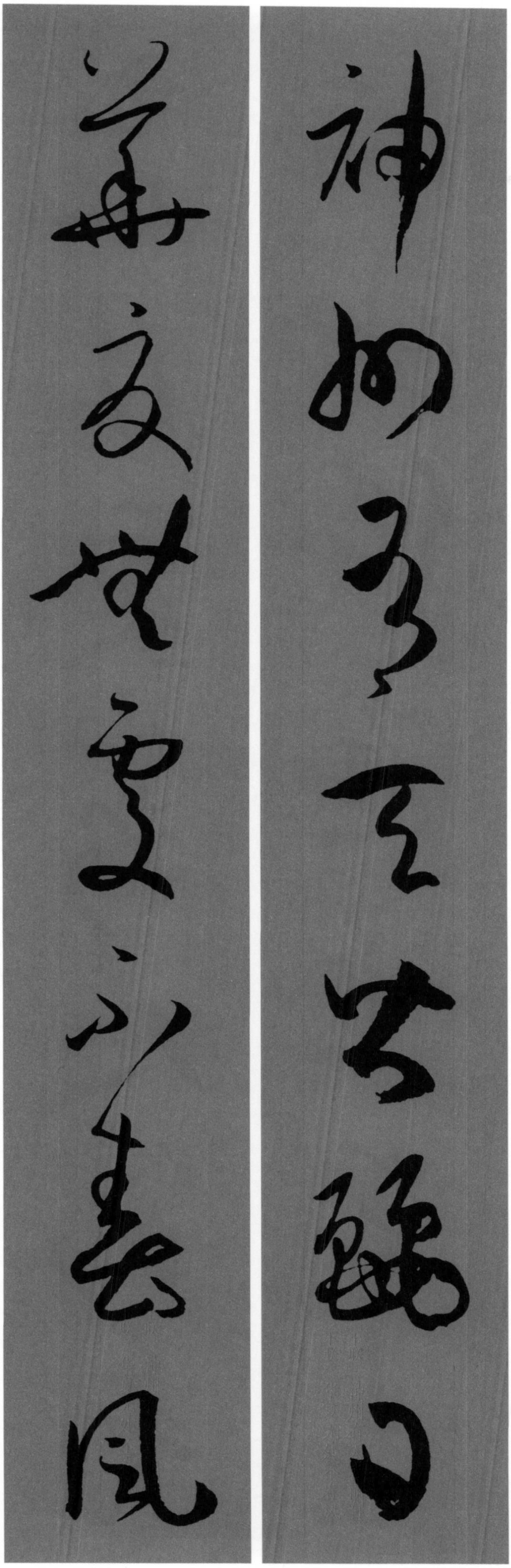

上联—神州有天皆丽日
下联—华夏无处不春风

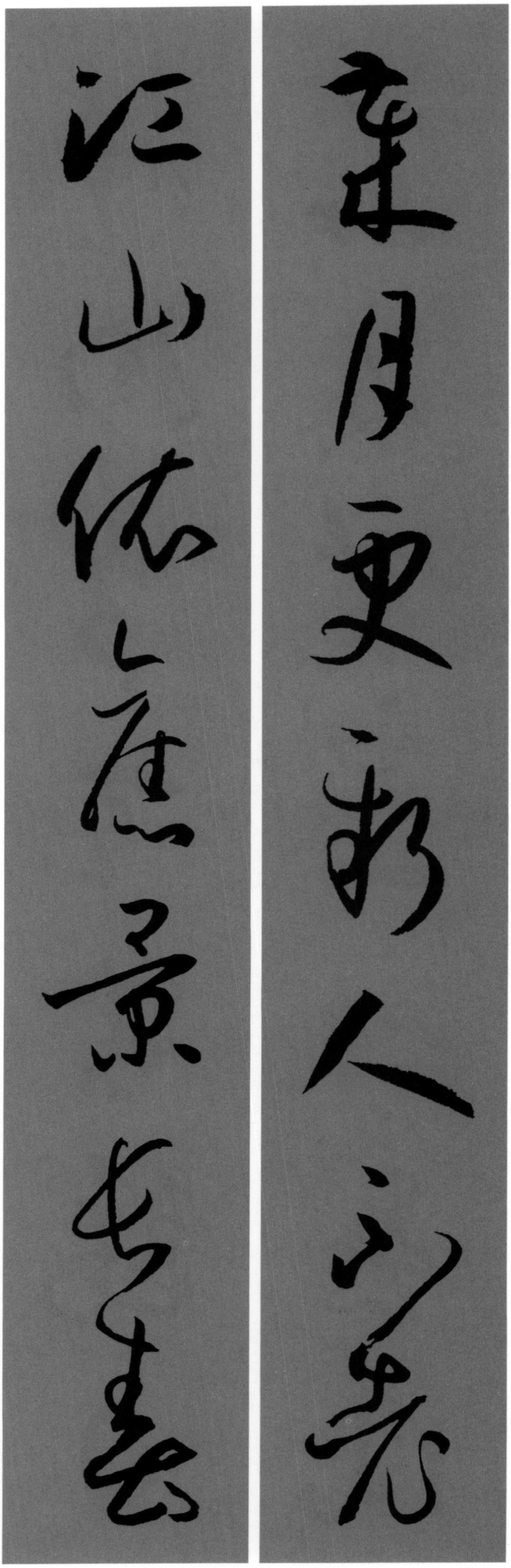

上联— 岁月更新人不老
下联— 江山依旧景长春

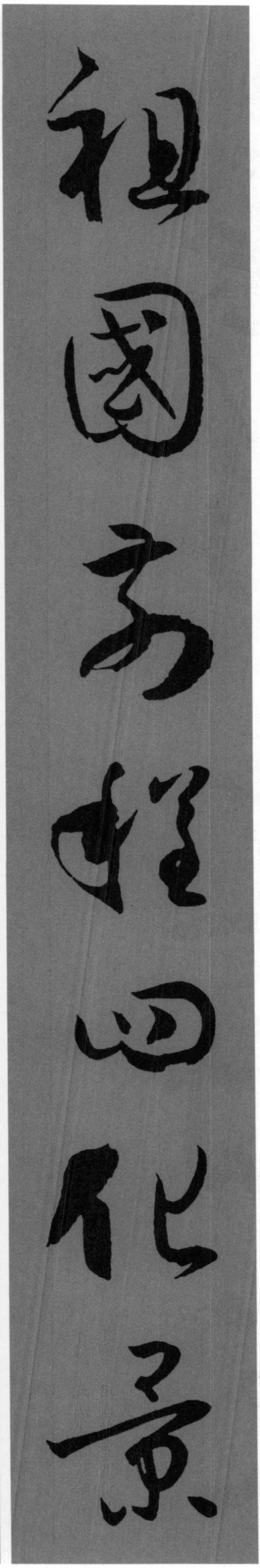

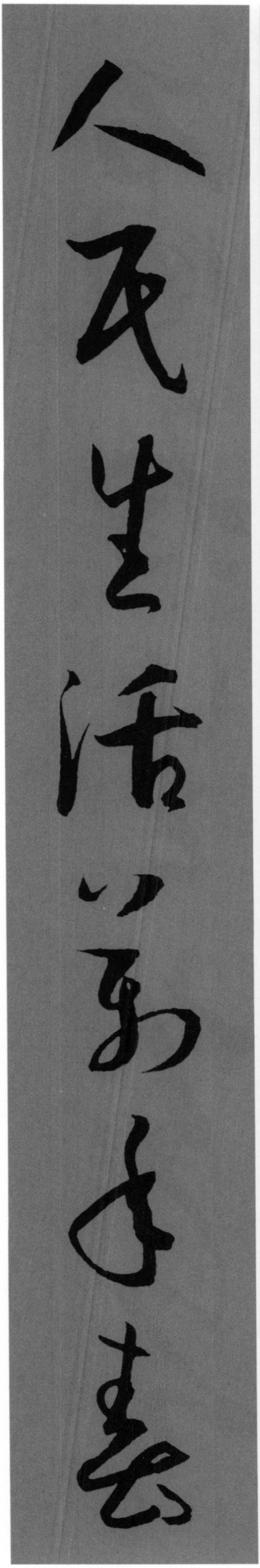

上联— 祖国前程四化景
下联— 人民生活万年春

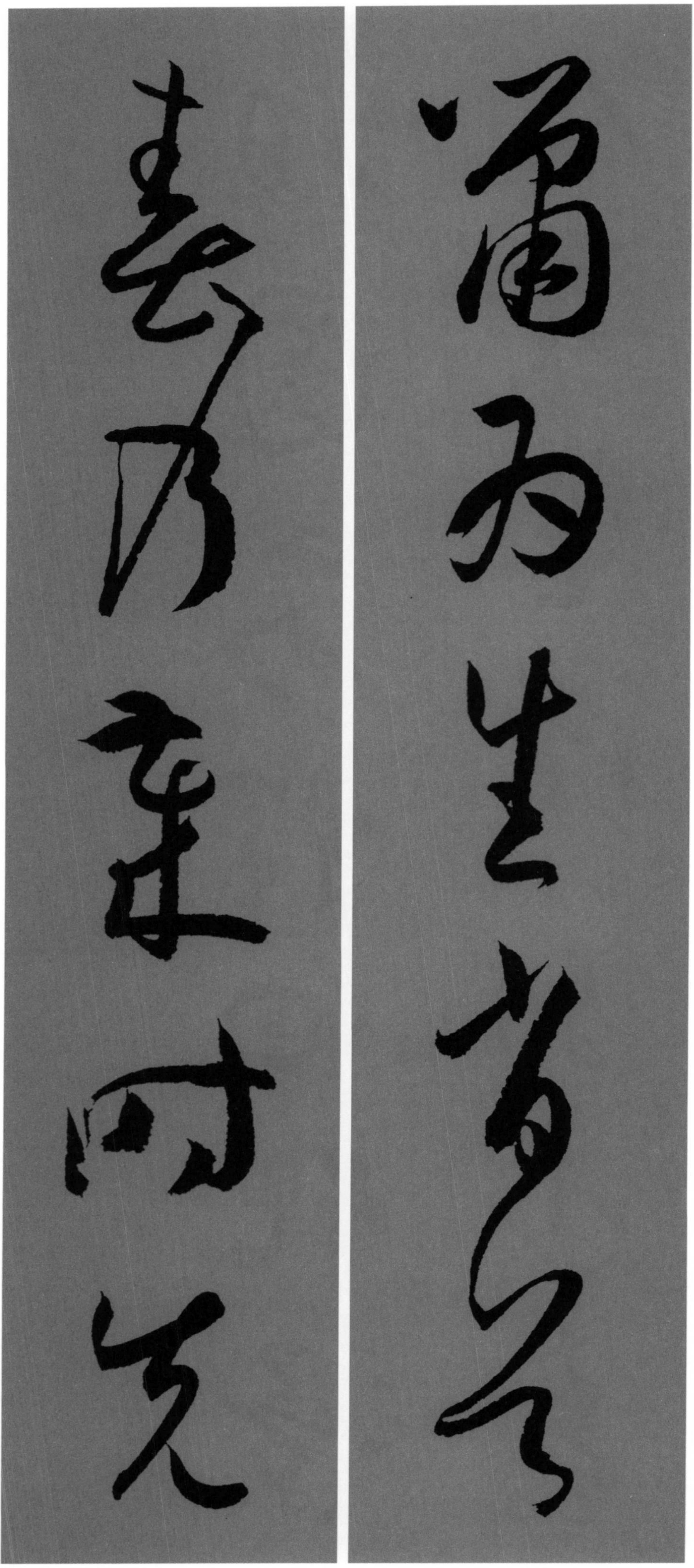

上联—鼠为生肖首
下联—春乃岁时先

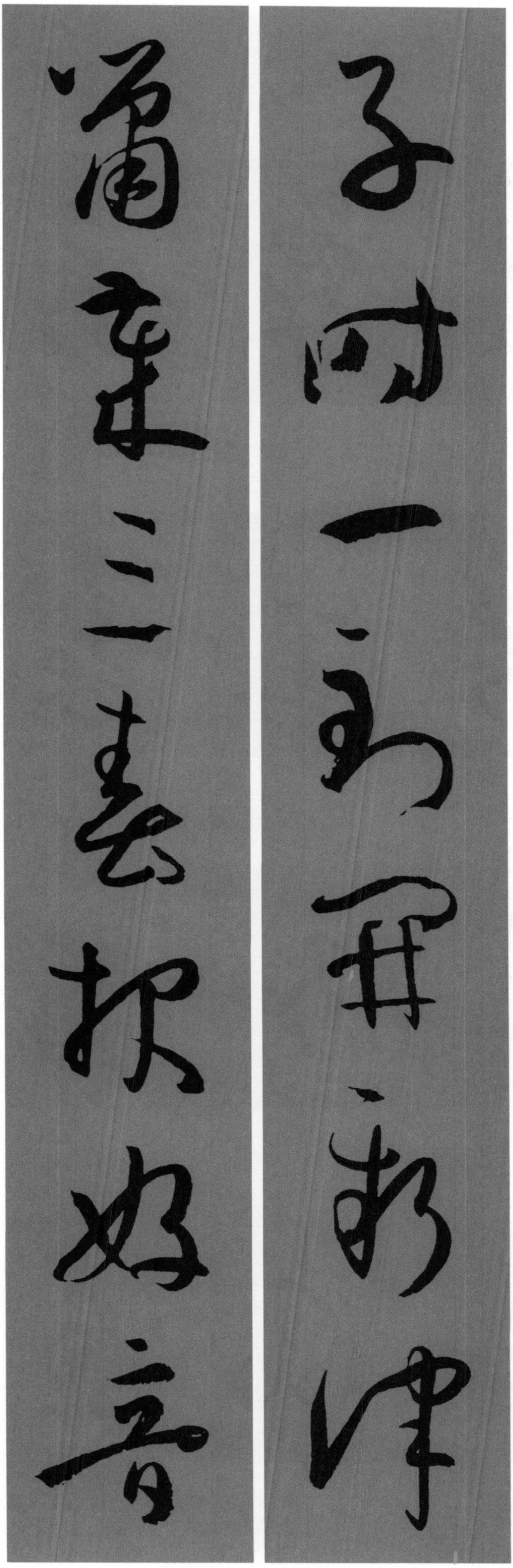

上联—子时一到开新律
下联—鼠岁三春报好音

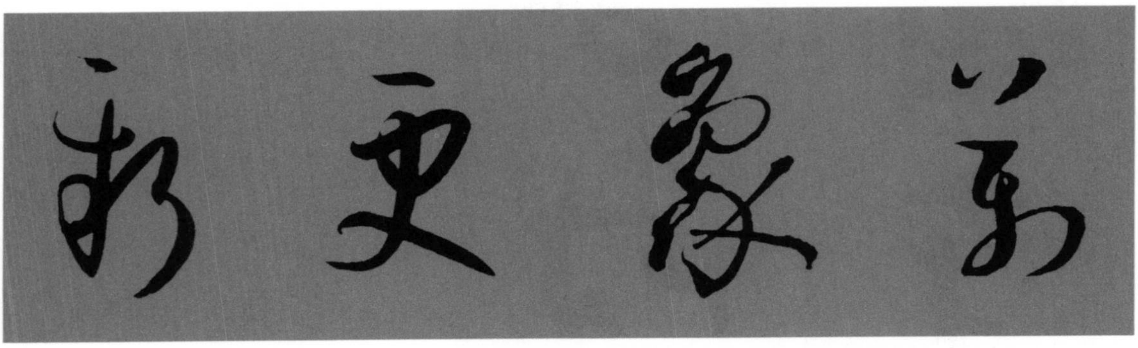

横披｜ 万象更新

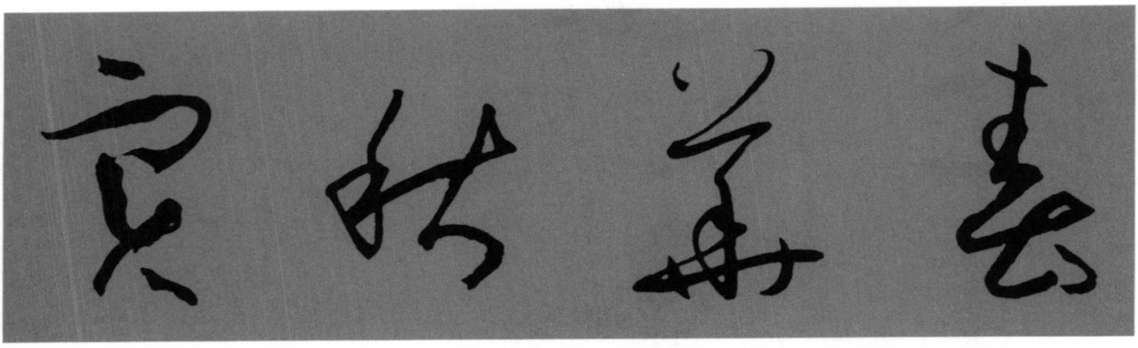

横披｜ 春华秋实

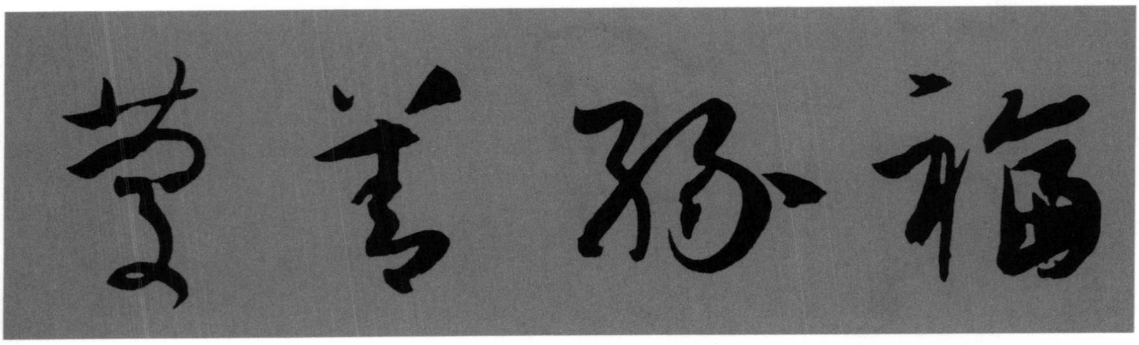

横披｜ 福缘善庆

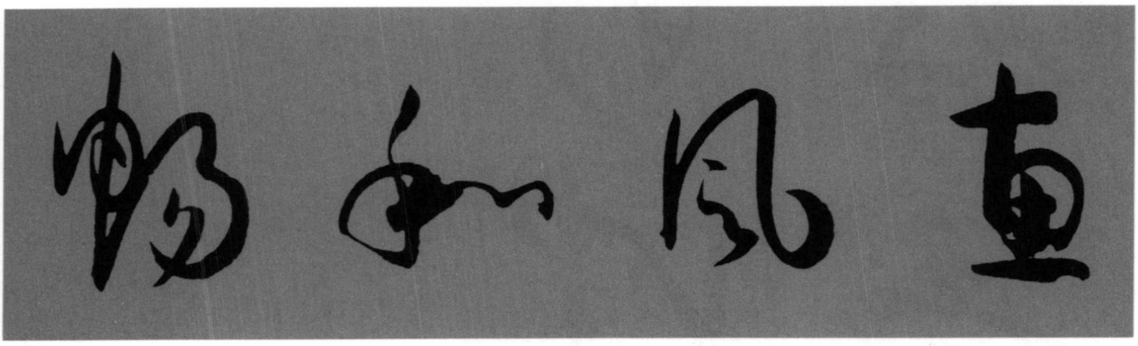

横披｜ 惠风和畅

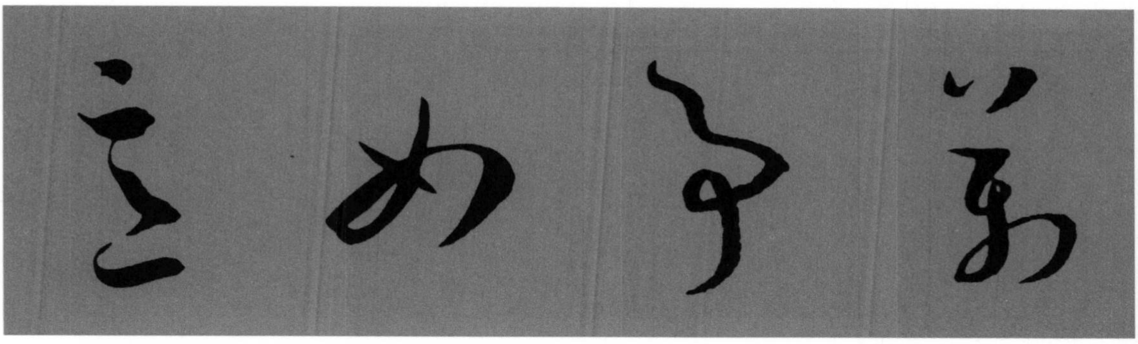

横披｜ 万事如意

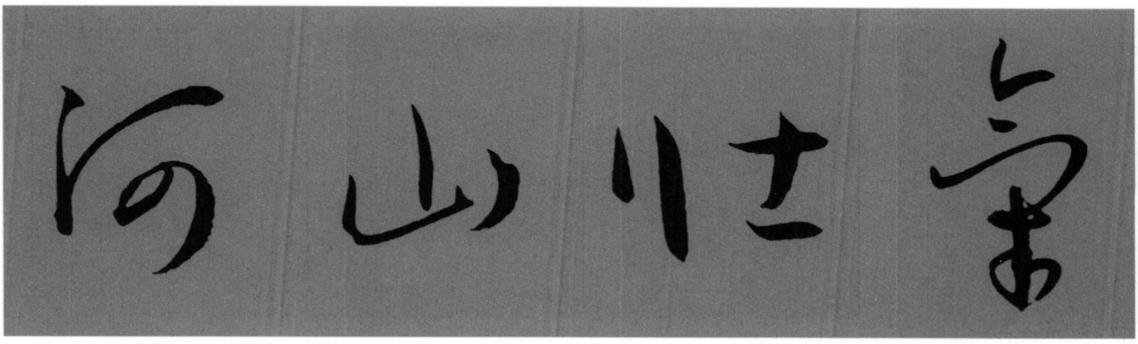

横披｜ 气壮山河

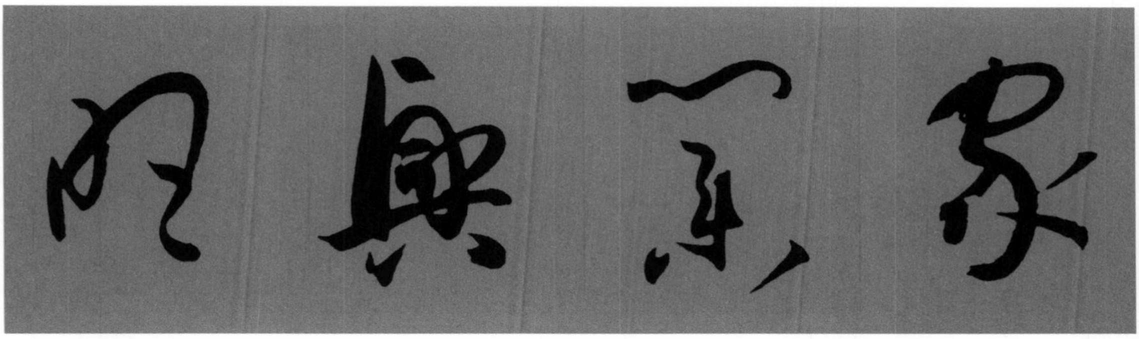

横披｜ 家业兴旺

小贴士

我国的第一副春联

五代后蜀主孟昶的“新年纳余庆，嘉节号长春”是我国的第一副春联。上联的大意是：新年享受着先代的遗泽。下联的大意是：佳节预示着春意常在。

图书在版编目(CIP)数据

孙过庭书谱集字春联/程峰编.--上海:上海书画出版社，2019.1
（春联挥毫必备）
ISBN 978-7-5479-1913-2
Ⅰ. ①孙… Ⅱ. ①程… Ⅲ. ①草书－法帖－中国－唐代 Ⅳ. ①J292.24
中国版本图书馆CIP数据核字(2018)第242215号

孙过庭书谱集字春联

春联挥毫必备

程峰　编

责任编辑	张恒烟
审　　读	陈家红
责任校对	林　晨
技术编辑	包赛明

出版发行	上 海 世 纪 出 版 集 团 上海书画出版社
地址	上海市延安西路593号　200050
网址	www.ewen.co www.shshuhua.com
E-mail	shcpph@163.com
制版	上海文高文化发展有限公司
印刷	浙江海虹彩色印务有限公司
经销	各地新华书店
开本	787×1092　1/12
印张	7
版次	2019年1月第1版　2019年1月第1次印刷
印数	0,001–4,000

书号　**ISBN 978-7-5479-1913-2**
定价　**28.00元**